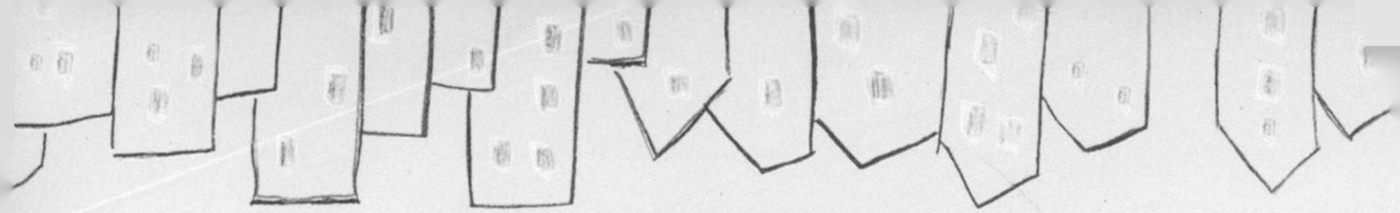

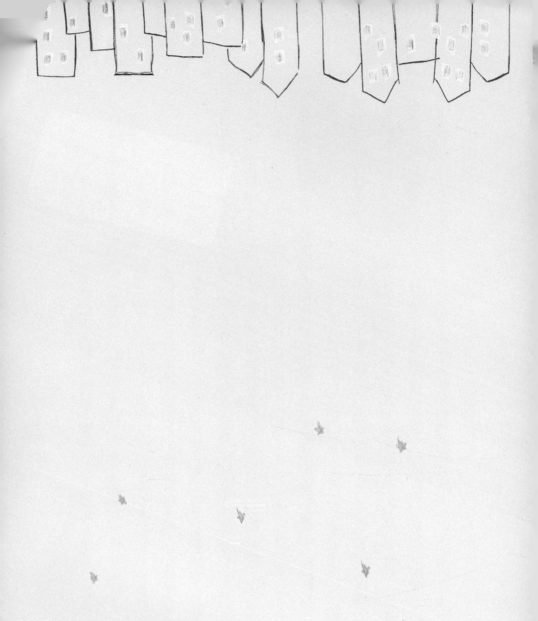

# 你的夢，你的力量

## 潛意識工作者哈克的解夢書

哈克——著

**僅以本書，獻給我的啟蒙恩師，王輔天神父。**

是您的引領，讓我碰觸潛意識的豐盛，

讓我孤單時，不那麼難以承受；

失落時，知道自己依然擁有，真的不匱乏。

# 目錄

Part

# 4 解夢經典手法

Part 5 解夢DIY 207

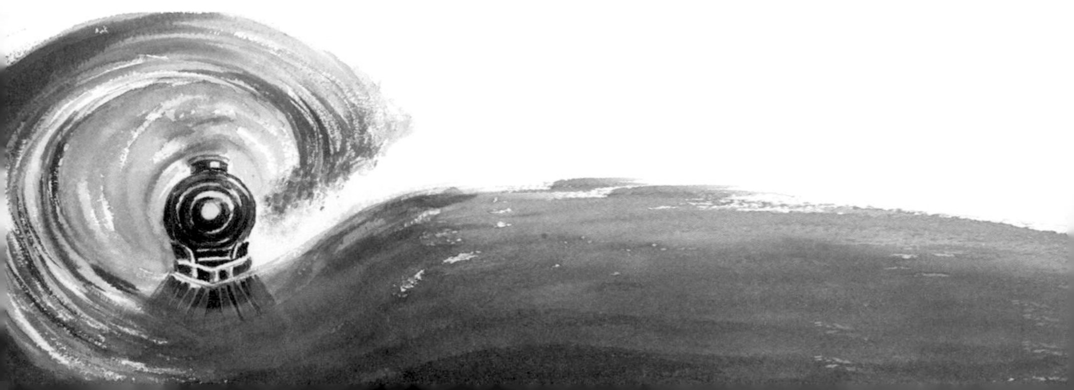

## 附錄

〈推薦序〉

# 走入夢境，活出人生

諮商心理師／作家 黃錦敦

認識哈克，好幾年了，是親近的好朋友。

今天打開電腦，準備寫書的序文。下筆前，我心想，要介紹這個作品前，還是先來說說作者這個「人」吧！順著此般心思，我自然地把視線從電腦移開，望著窗外稍遠處的小葉欖仁，深緩的吸一口氣，問自己：「幾年前遇見哈克時，他讓我印象深刻的是什麼？」

我閉起眼睛，穿越時空，心裡跳出了三個樣子的他。

**靈活奇巧**：剛認識哈克時讓我很驚訝的是，怎麼有人可以如此靈活，擁有一堆鬼點子來面對許多事情。他的靈活奇巧，一直是他一種清晰的樣子。

**精采**：說到他的精采，參加過他工作坊的朋友大概都會感受到，他的課程引人入勝。聰明的哈克，想盡辦法不讓無聊有任何機會在他的課程裡駐足。

**不按牌理出牌**：這是讓我感到最吃驚與快樂的。他只管真實，不太理會現實社會的枝枝節節，這讓他十分自由。也因為如此，他跳 tone 搞怪的故事一大堆，逗趣且爆笑。

想起他這三個樣子，我就哈哈大笑！更理解為何他一直能吸引許多人的目光。而讓我更驚訝的發現是，哈克這三個令我「印象深刻」的樣子，其實像極了「夢的樣子」。夢是靈活奇巧的，夢是精采的，夢，更是不按牌理出牌的。難怪夢會如此吸引人，它讓人無法不注意到它。

接著，我又問自己：「若他讓我印象深刻的是這三種樣子，這些年和他成為好友，有更多相處的經驗後，我喜歡的畫面又會是什麼？」

會這樣問是因為對我來說，「印象深刻」和「喜歡」這兩個詞彙雖然都很美好，內容卻很不相同。印象深刻，讓人有機會駐足而不錯過，是聚光燈，是吸引人之處；喜歡，則是讓人可以親近，像庶民美食，是生活裡的。

我再次閉眼調息，心裡安靜一來，畫面，就一個一個跳了出來。

**海邊生火**：這兩年我常和哈克結伴到台東海邊，有時為了工作，有時只是想說說話。到了晚上，哈克就會拿著白天已拾好的漂流木，在沙灘上升起一處營火，月光、星辰、海風、浪聲，在火光下的哈克，散發著安靜且單純的能量。

**順暢的淚水**：好幾次，哈克到高雄找我，我到高鐵站接他。一上車，我就打開車子音響電源，說：「哈克，這首歌你聽看看。」隨著旋律，哈克就「哎呦！哎呦！」然後淚水就跟著落下。這個時候，我常覺得這傢伙真的完全嚐到我所嚐到的味道。不只音樂，故事、電影、生命經驗，他總是如此真心地對待。這樣的哈克，活在有感有覺的生命狀態裡，情感的接收與表達是如此的順暢。

**手做小木工**：過去三年，每年的春天我們都會到台東找師傅教我們創作漂流木桌椅。二〇一五初春，哈克開始用師傅教我們的工法，把比例縮小，做起了迷你版的桌子、板凳。這段時間常見他拿著小小的雕刻刀，在高鐵上、聊天的餐桌上、沙灘上，切削著如手掌大的漂流木素材。我喜歡這個畫面是因為裡頭有「在生活中創作」的味道，他很知道如何把學到的美好事物，自然的帶入生活軌跡裡。

看見這三個畫面，我就更理解為何我和哈克會成為好友。

**若說，哈克令人「印象深刻」的樣子，像是「夢的樣子」，那麼，這三個我「喜歡」的畫面裡所蘊藏的訊息，則像極了「夢的裡子」。**

那些看似無理複雜的夢境裡，蘊藏的常是安靜且單純的能量。如同第一個畫面哈克在海邊升起的溫暖營火一般，夢境裡常安放著美好的能量，即使是讓人心驚膽跳的夢。

若說夢是潛意識編導的一齣戲，倘若我們能看懂它，和自己的潛意識連上，就可以更順暢的接收與表達自己，就更有機會活出有感有覺的狀態，如同哈克所擁有的順暢眼淚一般。所以夢境是我們和自己相遇的處所，讓感知通暢的源頭。

當我們深入夢境，理解重要的潛意識訊息後，哈克在書中告訴我們，不要只停在這裡，要和生活交織，讓這訊息成為生活的指引或資源。這就有如哈克手做小木工的畫面，說的是把領會到的帶回生活裡。所以，夢境裡常會放著我們「面對與創作生活」的指引。

從這裡來看蘊含在夢境裡的寶藏，就知道它值得我們更多的親近。

接觸夢的樣子，走進夢的裡子，可以幫助我們使用潛意識這個重要的資源。哈克在這本書裡有如一位文字建築師，用故事為材料搭建起一個個立體的解夢現場，告訴我們如何讓精采的夢境站上舞台，讓我們關注到它。同時也教導我們如何再往裡走，去解開夢的謎底，拾起裡頭的寶物，返回生活的國度。

而這其中最最最關鍵的解夢祕訣，全都在這本書裡。親愛的讀者，別停了腳步，趕緊往下走吧！

〈推薦序〉

# 啊！拍案叫絕的解夢心靈偵探

心靈魔法師　林祺堂

佛洛伊德一九〇〇年出版了《夢的解析》，這一本曠世巨作讓人們對玄之又玄的夢，在冰山底層的潛意識範疇中，開啟系統的理解。哈克二〇一五年的大作，《你的夢，你的力量》，讓我們得以運用更具體實用的方法（如解夢五階梯），當一個心靈偵探，透過夢境，活出更為真實的自己。

夢是魔幻等級的潛意識編劇編織出來的巧妙劇本（哈克說得真好！）。夢像是一部支離破碎、沒演完的影片，讓人搞不懂這些情節，為何要有這些角色？這些事？這些情？而夢只演給自己看，讓人看得一頭霧水、心驚膽戰，抑或心花怒放。常常在莫名其妙中，戛然而止。更加稀奇的是，夢的編劇其實是自己，導演是自己，觀眾也是自己，整個歷程是獨立製作與孤芳自賞，只是影評通常寫不出來，也不會去感謝那靈魂的潛藏智慧。反倒是在心跳加速、一團迷霧中，吶喊著，你到底在演什麼？

心理治療者的職責在於翻譯與解碼，解夢的歷程像極了心靈偵探的神奇解密。讀著書中一個個精采真實夢境故事，在詭譎深奧、破碎難明的情節中，迷離、困惑，同時又會燃起一股好奇的動力，然後呢？接著呢？到底是怎樣?!跟隨哈克循序漸進的探問與連結，透過夢中感受與生活事件的共鳴、串連，開啟了匪夷所思的可理解意境。啊！原來是這樣啊！這拍案叫絕的驚嘆，有著見證奇蹟的爽快，真是太奇妙了！

有別於以夢境內容象徵意義連結的解夢方式，哈克提醒我們，做夢者，才是解夢的主人。夢境的解碼字典就在夢境主人的生命字典中，於是有量身打造的個人化解夢。此精神呼應著生命的獨特性，每一個人都活得不一樣。

夢，這個夜裡的隱喻，隱身在現實生活的情境脈絡中。就像完形心理學的提醒，沒有背景的了解，是無法通透理解夢這個主題的。於是，夢的解讀要放在做夢者的生活脈絡中，才顯得有意義。很喜歡哈克把負向的預言夢，解構成「透露的不是預知，而是提醒」。當夢不是災難性預期的耗能，而轉成內在擔心的提醒時，我們可以更有勇氣做好面對的準備，開啟面對真實生活考驗的力量。

特別精采與珍貴的是，書中整理了哈克帶領解夢工作坊的實境生命互動。心理諮商是生命影響生命的歷程，閱讀這些互動的對話語錄，不妨想像著哈克獨特專注又熱情的口吻，在凝視生命的當下，帶著關愛，呼應著夢境關鍵字詞，回應出一句句流暢又扣人心弦的話語，在停頓中呼吸共振與深入思考，搭配著量身回應的歌曲，彷彿親臨充滿愛與感動的現場，大呼過癮。在驚嘆之餘，我們不只見證解夢的喜悅，也同時得以臨摹學習，原來可以這樣陪伴一個人把夢解開啊。

夢不說謊，只說真話。解夢的歷程，在迫使我們去面對更深層的自己。在現實的社會中，有很多應該、規矩、要求，以及不同情境下的避諱或害羞，這些都化了妝，藏在夢裡面。夢境中有著執著、渴望、糾葛與擔心，解夢不只需要好奇，還需要勇氣，更需要好方法。透過哈克提供的解夢ＤＩＹ智慧與技巧，相信在努力練習中，你也會成為一名厲害的心靈偵探。更重要的是，你會更懂得怎麼愛你自己。

〈推薦序〉

# 夢囈著夢意

金曲獎得主／南吼音樂季發起人　謝銘祐

夢與現實常是相反的，這是我最常聽到的解釋！

極少做夢，常與睡眠這傢伙搏鬥，數十年一直屈於下風，夢就更難了！然而，在現實中，我卻一直住在夢裡，從未離開過。當然，這與哈克說的夢不太一樣，我的叫作「夢想」！

「夢，真的像是潛意識正在跟我們對話。夢，是意識與潛意識的橋梁，潛意識的訊息，透過夢，跟我們說話，期望我們可以彼此更靠近更完整更豐富。如果可以聽懂自己潛意識的聲音，那不就太好了！」哈克說了這段在我的字典裡從未出現的詞彙與對話，像火星文一般，卻也將我現實中的「真」夢與沉睡裡的「假」夢糾雜在一起，像拔河一般，一個活著，一個像是活著，都在對我碎念，只是後者鮮少出現！

解夢，一直是電影中神奇的情節：警探們藉此了解嫌犯犯案的動機；伴侶終於知道了枕邊人的創傷；自己終於搞懂了另一個自己……在書裡商場邱大哥的例子中，我好奇著這樣的話：「解夢時，先在旁邊繞一下，是對潛意識的一份尊敬。」因為這跟我創作時在主題旁邊歇一會兒，讓主題在腦中先晃一下，吞一些酵母，自行發酵先，其實有點類似，只是我不去想尊敬這回事兒，態度是調皮的。接著哈克又說：「解夢像是拼拼圖一樣，拼起了一小塊，常常就會咚咚咚接著拼起一大塊。」這又跟我寫歌時有點類似。我不認為靈感是無中生有的，它存在於我們腦袋許許多多的抽屜中，跟著我們一起成長，也就是我們所有情緒的總和，以及我們認知的所有經驗，當然，還包含了我們瀏覽的世界。某個思索時刻，當一個想法從抽屜裡跑出來，有了一小部分模樣，常常就脫韁野馬，跑出一片草原！這兩相比較，解夢與寫歌似乎有連結，似乎都一點一滴的在驗證什麼似的，一個從夢境的情節來，一個從情緒的樣貌來，嘿，有趣啦！

「生命的春夏秋冬，有各自季節的美，同時，也帶著那個歲月階段的挑戰。挑戰來了，大部分的時候，潛意識會先給我們一些提醒、提示、訊息，透過身體、透過內在畫面，也透過夢境。很多時候我們日子太忙、生活太滿，因而讀不到這些訊息，潛意識只好更大聲的跟我們表達，這時候，常常就是身體出狀況的時候了……常常逼使我們不得不停下來，然後問自己：『怎麼了？』」在情歌裡，我慣用許多情緒來表現二人的感情變化，常常是日有所思，夜有所夢，牽一絲而動全身，總是找得到線索，不是引申，而是一連串的化學變化，荷爾蒙的增減控制了尚未長全的愛，絕無空穴來風，愛與不愛其實明顯得很，願不願意面對而已。解夢，似乎也是如此推敲拉扯著，不由得我起了雞母皮，雙層的！

在錦敦的一些課裡認識了哈克，一個將愛表溢於外，也滿滿於內的大傢伙，常在課堂上大喇喇的將自己掏出，真情真性，不遮不掩，在我的經驗裡極為少見。在他的新書裡，想讓你知道如何與夢交談，明白夢的密碼，著實讓我上了一課。趁這個機會問一下：「我常做一個夢：九局下半，風冷的投手丘，二人出局，二好三壞，疲憊的我脫了帽，擦了汗，復戴上濕透的棒球帽，彎腰注視著捕手暗號，是快速球。我已接近虛脫，對手是敵方四番，我挺直了身子，在手套中摸索著球的縫線，決定了，抬腿轉壓身，振臂投出……然後醒了！」哈克，請你告訴我……今年ＮＢＡ哪一隊會贏得總冠軍？

〈作者序〉

# 解夢，我的情不自禁……

這本書，是我的第四號文字作品，是一直一直，最想寫的一本書。

寫第一本書，像爬山，用著腳底的力，不忘遠眺。

寫第二本書，像渡河，水流湍急匆匆，身體暖暖河水冰涼，涉水於溫度的真實裡。

寫第三本書，跟好友一同走小徑，微笑哼著彩色的歌，步步有快樂。

解夢，十幾年來，是我的情不自禁。工作坊裡，每回聽到成員說著新鮮上架的夢境，我總是奔奔奔烘烘烘的心跳！潛意識的訊息，總是驚喜；夢境的指引，總讓我深呼吸。終於，人生走到了這本解夢書，寫著，觸動又喜歡的同時，像是開挖著一山後頭還有一山的雪山隧道，石頭堅硬又長長遠遠，難鑿啊。

夢，像蛋白；主角的生命故事和體會，像蛋黃。

解夢書，要寫到淺顯易懂又穿越地心，實在是我人生走到這裡，數一數二的大挑戰。挖通雪隧，是想要讓人車順暢通行的，要夠寬，要不那麼彎到難走，所以，細心挖著岩壁，碰下可能落下的小石子，一公分兩公分，五公尺六公尺，九哩路十哩路。

親近我的朋友都知道，哈克打從心底，無法形容的尊敬著潛意識。對潛意識的敬意與熱愛的行動，貫穿我生命的春天與夏天。所以，當夜裡有情緒強烈的夢，夜半或清晨醒來，我總是坐起，歡迎這個來了的夢，然後懂自己懂歲月，二十年的光陰，一次又一次。可能因為在長長的時光裡如此當真地看待自己的夢，於是，眼前到來的人們跟我分享他們的夢境時，安靜和喜歡，常常就自然安心的存在於我們之間了。

來說說幾年前一個初秋的夜裡，我做了一個「金字塔形的鳳梨酥」的夢。夢裡，我是一個烘焙師傅，熟練得可以做出方形的還有圓形的鳳梨酥。然後，夢停在唯一的畫面，是我剛發明的一個金字塔形狀的鳳梨酥，而夢裡的我，對於這個發明

非常不滿意。那個金字塔形的鳳梨酥就長這個樣子……

清晨夢醒，我一頭霧水。

我又不會做糕餅，這是什麼夢啊?!

和潛意識手牽手當朋友的歲月夠長，讓我即使迷惑無頭緒，依然相信會有機會碰觸到裡頭的味道。於是，在床頭，拿枕頭墊著，讓身體坐起，開始問：

「一樣的餅皮，一樣的內餡，只是換成了金字塔的形狀，而且不滿意，這，有沒有跟自己最近的什麼有關？」

一陣電流從脊椎竄上，哎呦！潛意識怎麼那麼沒有保留、那麼直接啊！

那一段日子，小女兒剛出生，我剛離開大學

的教職，正在南南北北帶著工作坊，想要闖出一片天空。在那一段心力常見底的日子，幾乎每個星期都拉著行李箱、帶著麥克風，出遠門帶一場又一場的生涯規畫卡片媒材訓練，努力又辛勤工作，卻沒有空間好好的停下腳步，發展新的工作坊內容。常常，香港這場跟台北的那場工作坊，內容幾乎一模一樣，只有工作坊名稱換了幾個字。哎，這樣的被時間拉著推著，對於渴望又熱愛創意的我來說，悶了。

所以，潛意識幫我生氣了。潛意識用這個鳳梨酥的金黃色三角形畫面，大大聲的跟我說：

「拜託～這樣活著，根本沒有新意好不好！一樣的餅皮、一樣的餡料，只是換個形狀，把方形的鳳梨酥變成其實吃起來一模一樣的金字塔形而已。你喔～這樣不行～」

表面上聽起來，潛意識像在生氣，其實，不是的。

潛意識是真心跟我說著：「親愛的自己，我們真的不只是這樣的……來，我們一起，來讓內餡有新的內容物，餅皮也來創作新的口感！還有，我們，不只鳳梨酥吧！」

聽到了，聽到了，聽到心坎裡了。

床頭的我，在深呼吸裡聽到潛意識的真心話，帶著力量與被懂的觸動的淚靜靜地從臉頰流下。就在那一天的清晨，我開始動起來，用了兩年的時間，整理十幾年的潛意識學習和體會，後來，竟然設計出全新的長達十天的解夢訓練課程，也創作出讓自己驚喜的卡片媒材作品：夢境智慧探尋卡。

十幾二十年的歲月裡，我這樣真心的和潛意識交朋友，真的用時光一起泡茶聊天、一起體會腳底的力量、一起翱翔無際的天空，然後偷偷地夢想著，如果，有更多人體會到我和潛意識的享受與喜孜孜，那該有多好！

這本書的誕生，最要感謝的，是一個又一個真實夢境的主人們，每一個人都慷慨又毫無保留地分享了他們的夢境，我非常珍惜這本書裡的每一個故事與後頭的真實生命。在這本書之後，預計二〇一六年，方智出版社還會出版一本我寫的《經典解夢實錄》，書裡頭會有重現當時解夢現場的解夢逐字對話，有主角當時沒有說出口的內心戲，還有哈克逐段逐句對於關鍵那一秒的拆解和說明。期待著，想要學會解夢的朋友們，會在這些細緻的拆解說明裡，更懂了陪伴解夢的細緻手法和心法。

雪山隧道開通了，山的那一端，天際線正迎向眼前，真心祈願，這個大大的可以翱翔的天空，有更多顆心，因為一起展翅，所以迎向豐足！

# Part 1

# 夢，對人真的有幫助嗎？

有一回，我在工作坊裡問大家：「對你來說，夢，像是什麼？」工作坊成員們紛紛低頭在紙條上寫下他們心裡夢的樣子、自己和夢的關係、夢與自己的距離。那天工作坊結束後，我一個人在團體室的角落裡，一張一張紙條打開來看，豐富極了！每張紙條，都是通往潛意識的獨特手繪藏寶圖。

紙條上，一張一張這麼寫著……

## 想靠近夢又會怕

「夢，像是看到眼前很暗，然後驅使我要去找，走向那個黑暗，可是又擔心那個黑暗是不是……又愛又怕，它希望我過去，可是我又很害怕走過去。」

「夢跟我的關係很像我的小學同學，應該要很熟，可是我沒有跟她很熟……」

## 夢真有趣真好玩

「夢像是給我看的故事書，它自己會編劇情。打開它，就像打開了第一頁，覺得非常非常有樂趣，每次打開都是全新的劇情！」

「夢像一個小皮球，我可以跟人家玩，或跟我自己玩，然後去投籃。投籃有時候落空，有的時候會投進籃框裡。」

## 夢模糊不清楚，想學習擦拭變清晰

「夢給我的感覺就是在看二輪片的電影，因為還沒有那麼熟悉夢，所以畫面比較模糊。它有時候可以讓我知道在演什麼，有時候因為太模糊，不太清楚在演什麼。」

「……我看到的是一個很大很大的古銅鏡，銅鏡上面有一點油跟灰沒有擦乾淨，看到的影像是不清楚的，所以正在學著把古銅鏡擦亮一點。」

## 夢在深處，要潛下去才摸得到

「我的夢好像冰山，看見了浮出的部分，要學會潛水，才可以看到更多。」

「夢像是深山裡的一座湖，湖很深，湖底有一顆石頭，然後，我就會想要沉下去摸那顆大石頭。」

## 夢似乎指引著發現新東西的方向

「夢是我想像中的 iPhone，它裡面有 GPS 定位導航，也有一些小遊戲，無聊時可以拿起來玩一玩，然後在需要知道方向的時候，可以問它。」

「夢跟我的關係好像是它牽著我，要去認識一些不順眼的朋友，好像也是一些新的，以前在我生命中不熟悉的。」

「夢好像是自己家的後花園，有躺椅的那一種，有時候可以到後花園躺著，看到花園裡有什麼新東西，也可以看到外面有什麼新的人在走動，或發現什麼事情。」

「夢跟我的關係，像是從以前到現在認識的朋友們，用他們自己獨特的聲音喊著我的名字。有的人會喊：『小花～』（有精神的喊。），有的人喊：『小花。』（溫柔的喊。）」

「我覺得夢是在路邊遺落的風景，平常只看我現在想看的東西，可是夢帶給我一個機會說：『欸～我在這裡！』」

這些真實的描述，實在是生動極了！夢，真的很像上頭說的，遠遠近近，像是模糊，卻又力道強烈；像是藏在深處，又好像一伸手會忽然摸到一樣。我自己最喜歡的，是最後兩個對夢的描述，這兩個描述，都出現對話框：

「小花～」︿有精神的喊。﹀

「小花。」︿溫柔的喊。﹀

「欸～我在這裡！」

出現對話框，就有意思了！

夢，真的像是潛意識正在跟我們對話。夢，是意識與潛意識的橋梁，潛意識的訊息，透過夢，跟我們說話，期望我們可以彼此更靠近更完整更豐富。如果可以聽懂自己潛意識的聲音，那不就太好了！

寫這本解夢書，醞釀了六年，真心期盼可以讓更多人在心裡聽見潛意識的聲音。六年期間，錄音錄影了二十幾個完整的解夢歷程，一封封的電子郵件做 follow-up 書寫後記，終於有了豐富的解夢故事得以搭配步驟清晰的解夢方法，來完成這本書。

接下來，讓一個又一個珍貴的真實解夢故事，拉起我們的手，碰碰潛意識的涼涼溪水、溫熱的寶石、等待被擦拭的古銅鏡，用每個人自己最適合的速度去接近，同時開始豐富。在 Part 1 裡，先來五個真實的夢，透過這五個夢，很有機會看見夢的模樣，也開始可以想像後來要如何幫別人、幫自己解夢。也說不定讀著讀著，會忽然想起了自己的一個夢……

## 「當長浪席捲而來」——生命階段新選擇

邱大哥，是馳騁商場、十分剽悍的朋友。他有五十幾個員工，自己的工廠裡生產氣泡袋、泡棉之類的填充包裝材料。五十出頭的他，每回見到我，總是熱情四射的抓住我的手，用力握住，大聲的說：「黃博士你好！」可是，這陣子的邱大哥，意氣風發的臉上，似乎有著些許的滄桑與說不出口的絲絲迷霧。

那一天，和往常一樣，我和邱大哥聚在一起，聊車子聊美食，邱大哥興致勃勃地說著氣泡袋出口到印尼、越南的眉角與困難。忽然，沒來由的，邱大哥問我：

「黃博士，聽說你很會解夢啊？我最近做了兩個怪夢ㄟ！」

「沒有啦！會一點點而已。你說說看，我來聽。夢，常常是有人聽，就會邊說邊明白的。」

邱大哥興致很高的說了起來：

「好！你聽喔，真的很怪的夢。我看見海上遠遠的一波一波海嘯長浪朝岸上撲來，把岸邊重重鐵絲網綁住的大石頭都沖倒了。我原本在岸邊一個滑行軌道的列車上，沿著岸邊安全的滑行，看著海嘯長浪撲過來，原本覺得自己在列車上是安全的，忽然警覺到，海嘯越來越大。看到一波又一波洶湧的海水，知道危險來了，我趕緊跳車，開始逃，同行有三到五人。當時，有旁人指點要沿著高起的軌道跑比較能避開危險。我一直努力的奔跑，左轉向上往高處逃。我根據自己的判斷，從高起的軌道那邊下來，在泥土地上奔跑。跑呀跑著，看起來似乎危機暫時解除了……繼續往上走，看見山坡上有幾位眼神空洞的婦女，似乎是退休的人住在那裡。然後我就繼續往山上走去，似乎，往上多走一些，才會確定安全。」

挺激動地描述完這個夢，邱大哥慢慢停了下來，看起來似乎還有一半的心思留在夢中的情緒、情境裡。他自言自語的說：「長浪席捲而來……長浪，席捲而來，這時候，爬向山頂，或迎向海洋，是兩個選項……」

這樣自言自語的自我對話，在夢境描述之後出現，而且兩個選項已經自動浮現，看來，夢境的含意有可能呼之欲出了。

一旁認真聽著的我，沒有急著要走到核心快速解開。解夢時，**先在旁邊繞一下**，是對潛意識的一份尊敬。先在旁邊繞一下、盤旋一下，像是溫柔地對潛意識說著：「親愛的潛意識，我會慢慢地接近你，你可以慢慢準備……」

我帶著真心的好奇，問邱大哥：「我很好奇夢裡那個眼神空洞的退休婦女，給你什麼感覺啊？」

邱大哥：「那個空洞的眼神給我很詭異的感覺，有害怕、不知所措、不敢靠近……」

我繼續問下去：「害怕、不知所措、不敢靠近，有沒有讓你想到生活中或生命裡的什麼？」

邱大哥：「那是一個沒有活著、靈魂不見了的世界，**讓我想到**最近生活越來越平順，有時會像一些退休人士那樣，找不到挑戰，沒有活著的感覺……」（邱大哥說到沒有活著的感覺時，嘆了一大口氣，這很可能是身體直覺的在說「Yes」。）

解夢像是拼拼圖一樣，拼起了一小塊，常常就會咚咚咚接著拼起一大塊。身為陪伴者的我，常常只是親切友善地與夢的主角一起接近了潛意識透露的第一個訊息。有意思的是，潛意識一旦被友善的對待，常常就自己順暢了起來。

嘆了一大口氣之後的邱大哥，竟然開始一句一句自然順暢地自己說著對於夢境意義的理解：

「啊！真有意思，**這個夢，根本就是我人生的縮影啊！**一開始的那個滑行的列車，指的是我三十八歲以前，在結構完整的外商公司，按部就班順利升遷，在軌道裡行進的我。操！好像喔！

「還有啊，那個、那個高起的軌道……那是我剛離開外商公司，自己創業的那幾年，因為前面累積的實力，我可以比別人在高一點的高起的軌道上前進。呵呵，真好玩！」

我接著問：「那從高高的軌道下來、走在泥土地上那一段呢？」❶

「哎呀！真像真像，在泥土地上奔跑，講的就是我四十歲到四十五歲那一段，開始做自己的品牌、自己的產品。幹！那一段真辛苦，腳上都是泥巴，爬起來最吃力，呵呵，可是回想起來也最過癮！（說到這裡，邱大哥眼睛似乎含著淚水，有一份觸動感受偷偷竄了上來）唉……真是詭異，最辛苦的那一段，竟然就是最爽快的那一段！

「幹！我知道了（不拘小節的邱大哥只要出現這個充滿力量的發語詞，就代表新發現又來了），我知道了，剛剛我不是自言自語說：『長浪席捲而來，這時候，爬向山頂，或迎向海洋，是兩個選項。』我現在懂了，當經濟挑戰越來越嚴苛的時候，爬向山頂，說的是要深耕台灣這個市場，而迎向海洋，說的是經營海外全球市場。這個夢，清清楚楚的跟我說：『先爬向山頂深耕台灣，然後再迎向海洋賺阿兜丫的錢。』操！這麼貼切啊！ㄟ，黃博士，每個夢都這麼有意義嗎？」

「呵呵，有些夢沒有明顯的意義，像是找不到廁所的夢，通常就只是因為你尿急了。但是，如果你做了夢之後，夢醒很有感覺、很迷惑，或者很好奇到底這個怪夢在說什麼，那通常就是很值得我們靠近去懂的夢。ㄟ！邱大哥，你這個這麼會賺錢的生意人，你的潛意識根本就不輸我們這些助人工作者，你的潛意識超順暢的，真是太好玩了！」

解夢，會上癮的，因為解開夢時的快樂，是一種很特別的開心！

「ㄟ！黃博士，那我還要講第二個夢。」

我：「哈哈，好ㄚ，請！」

邱大哥：「這個夢有點好笑，有一點幼稚。我夢到《哆啦A夢》，那是一本漫畫，裡面的圖畫，都畫得很像真的漫畫，畫得都對，也看起來好看，可是，可是一點真正的內容也沒有。一大本書，很厚很厚，可是一半以後的整個半本，都是這樣，畫得都對，也好看，可是一點真正的內容也沒有。」

我：「哈哈哈！這個夢超精采！整個下半部，都沒有內容，雖然描繪得正確又好看，可是一點真正的內容都沒有。」沒有停頓的，我讚嘆著跟上。

邱大哥：「操！這樣就解開了啦！這個夢跟上面那個眼神空洞的退休婦女，是同一條梗，說的就是走到人生的下半場了，人生平順了，可是失去活著的味道！一半以後的整個半本都是一點真正的內容也沒有，真傳神，說的就是我擔心自己人生下半場，會平順，但沒有內容、味道……」

凝視著眼前這個縱橫商場的兄長，聽著他順暢又充滿創意的潛意識訊息，我心裡充滿尊敬。帶著這份尊敬，我專注的對他說：「所以，這個夢似乎在問你：『當我的人生逐漸平順，什麼，會是我創造生命故事的血肉？』是嗎？」

邱大哥猛然用力拍了一下自己的大腿，說：「對！！！就是這樣！來，喝一杯！厚！你這個年輕人，真有兩把刷子！來，我敬你！」

一向都是行動力十足的邱大哥，開著他的BMW休旅車X5離開之前，拉下車窗，帶著一份下定決心的感覺跟我說：「我以後，每天早上起來，都要問自己：『今天，可以有什麼故事，等著我去活出來？』這樣，我就不會整個人生的下半場都沒有內容了。」

真的沒有想到，在逐漸走向下半場的人生階段，那眼神裡一絲絲的迷霧才剛浮現，而夢，就這樣給了一個扎實又可以著地的好方向。

❶ 會聚焦在泥土地這裡，是因為當夢中出現泥土或土地，往往跟「著地」或「力量」有關，常是解夢的關鍵點。

## 「找肉鬆的夢」——親近關係裡的情意傳達

有些時候，夢會很輕巧、很精巧地說出在親近關係裡一些說不出口的話，或者說出那些很單純的因為不習慣而沒有說出口的心意。

那天，我們家的夫人（也就是我的太太，我喜歡尊稱她為夫人），做了一個情緒強烈的「找肉鬆的夢」。夢醒後的那個早晨，在熟悉的茶館裡喝著紅茶拿鐵，夫人說著前夜的夢境：

「夢裡啊，我夢到老公想要吃稀飯，我就在超市找肉鬆。超市的櫃子裡，有好多種肉鬆，可是，都怕老公不會喜歡，擔心不夠好，很想很想找老公夠喜歡的。買了一種，可是怕太細了，想要找更合老公口味的肉鬆……」

唉攸威呀！有「肉」，又有「太細」，又有「口味」，這麼多帶著感受的描述詞，這個夢鐵定有料！我趕緊放下手上的熱奶茶瓷杯，問：「夢裡，最強烈的感覺是什

麼？」

夫人回答說：「很著急！很著急！」

哇！這麼清晰又強烈的情緒，那夢的訊息入口已經很靠近了喔！

「最近有什麼讓你很著急的事情嗎？」我接著問。

夫人一手拿著紅茶拿鐵，歪著頭，很努力的想，好像快想到了，但是又沒有真的搜尋到確定的答案……

在一旁的我，電光石火之間，突然懂了夫人這個夢。

那陣子的我，因為許了願要發起「心動台灣一二〇」，因此心裡頭承受了一些擔起來挺辛苦的重量。雖然白天我外表看起來神色自若，可是到了夜晚睡覺時，我就不自覺地「咬緊牙關」了起來。左臉臼齒咬合的那個關節，常常因為半夜牙齒咬得太緊而痛醒。這樣咬緊牙關幾天之後，我的左臉、脖子，甚至頭，都痛了起來。一個多月來，有一半的時間，都只能喝流質的食物，因為一咬東西就會很痛。

看著我體重一直掉，臉一直瘦下來，夫人很擔心我，帶我到處求診，想要尋找合適的方式來讓我好過一點。一直到後來找到了熟識的復健科醫師，感謝老天爺，「咬緊牙關的痛」終於有了明顯的好轉。

看著眼前歪著頭認真思索著自己夢境的夫人，我心裡跑了剛剛的那一大串聯想，我猜我很有可能已經懂了這個夢在說什麼……面對著眼前的夫人，我用左手的食指，指著我的左臉臼齒咬合的部位，說：「**肉，鬆開來……**」

夫人一看到我的手勢、聽見「肉，鬆開來」的話語，瞬間「哈哈哈」大笑了起來。大笑是在說著，潛意識實在是太奇妙了！竟然用找肉鬆，來說「著急」，著急老公的肉，鬆不下來，一直繃得緊緊的。

找肉鬆，說的是「急著找適合的醫療方法，讓老公的肉可以鬆下來」。

唉攸威呀！我帶著這一份懂，接著說：「你一定是很心疼我難受，才會做這個『找肉鬆，找讓肉鬆開的方法』的夢……」

夫人的心一被懂了，上個瞬間還在大笑，下一秒眼淚就噴出來了，眼淚說著：「對啦！我真的很心疼你呢！」眼前這個又笑又哭的夫人，是因為打從心底湧出的心疼，所以做了這個找肉鬆的夢。

跟個性偏濃烈的我不同，我們家的夫人個性偏清淡，不太習慣跟伴侶表達心疼。似乎在原生家庭裡，她把一個東西學得很好，就是精準、理性地解決問題，所以她用心的持續尋找合適的醫療幫助，同時，心裡頭很擔心很著急很心疼。那些說不出又很真實的情感，在夢裡，潛意識就這樣用了找肉鬆的夢，幫忙說出那一份真實的情感與心意。

透過夢，潛意識不只說了原本說不出口的，還說得清楚又傳神呢！

## 「收不完的雜物」——當過去的我，跟現在的我說「嗨」

夢，是夜裡的隱喻，從夜裡黑黑灰灰暗暗的潛意識世界，巧妙地溜到了白天的思緒大地裡。

有一天，在報紙的專欄裡，看見洪蘭教授說了一句很有道理的話：「其實決定人生成敗的不是起跑點，而是轉折點。」人生的轉折點來到之前，常常就是「難點」或「悶點」瀰漫全場的時候。過去的資源與習慣的努力方式，似乎不足以回應生命的新挑戰、新任務、新渴望，於是，困住了，悶住了，難受了。

當生命的關鍵轉折時刻快要來到之前，夢，有時候會把過去的自己，那個被生命煙塵蓋住的自己，拿到現在這個時刻，好好端詳。那個過去曾經運作順暢但現在卡住的自己、那個感覺熟悉但可能已經不合時宜的自己，一旦在夢裡被呼喚回來，此時，夢境隱喻就提供了一個心理工作平台，讓現在的自己有機會與過去的自己在這個平台上頭彼此表達、說話、演出，很像是過去的自己和現在的自己坐下來共商大計，商量如何面對挑戰，走向未來。而夢的主人，在這個關鍵的轉折時刻，如果有了安靜的陪伴，很有可能會出現一份對於現在與未來的新的「懂了」。

那種懂了，可能說著：「哎呀！原來是這個悶住了我啊！」

也可能說著：「喔～是我的心境改變了，讓本來不難的，一下子卻變成那麼重，難怪。」

也可能是：「原來，是要堅持這個。喔，那未來就可以更是我要的樣子了！」

下頭的夢，發生在雙十國慶快到的季節，天氣開始涼了起來，心裡也忽然開闊了，心裡一開闊，就想念老朋友。所以，初秋的傍晚，騎著腳踏車的我，來到國中同學良豐的家。

家裡開螺絲行的良豐，我都叫他豐仔，他有一個我從國中就看著長大的妹妹，名字很好聽，叫瑰曲。瑰曲從小就心腸好，她生女兒之前，在南投的社福機構工作，後來專心照顧女兒好幾年，最近孩子上了幼稚園，她又回去上班了。

瑰曲這個少婦，表面看起來理性，其實情感豐沛。那天，瑰曲帶女兒回娘家，剛好遇到我和豐仔正在泡茶喇賽。瑰曲把從鄉下帶來、一整串連莖帶葉剛摘下的地瓜葉放在茶几旁，邊挑著菜葉，邊跟我們聊天。

我看到她的包包裡放著一本她最近正在讀的書《當下的力量》，我好奇的說：「這本《當下的力量》，聽說很好看！」

瑰曲說：「對呀，我們最近媽媽讀書會正在一起讀，我讀了很有感覺耶！」哎呀，真是太棒了，一群忙碌的上班族又當媽媽的，可以一個月聚一次讀書分享，真好真好。她們上一本讀書會的書，讀的還是我的第一本書《做自己，還是做罐頭？》呢！

「黃牛哥哥，我跟你講，我昨天做了一個夢……」瑰曲跟著哥哥一起叫我小時候的綽號，黃牛，因為我姓黃。這個我從小看著長大的少婦，安全感十足，一點都不用熱身就可以直接走進夢的探險世界了。

「黃牛哥哥，這個夢很瑣碎，你要有耐心聽喔！」當然好，瑣碎，就是充滿細節的隱喻畫面，是珍貴的夢境素材呢！

「夢裡面啊，我去大遠百的鼎泰豐吃飯，鼎泰豐的樓上是一個我暫留的房間。吃完飯，去樓上打包東西，本來只是要收拾兩三天的行李，卻發現滿屋子出現越來越多東西，衣服、電器、雜物……許許多多我堆藏了好久，連自己都忘了的東西。

然後，整個晚上，睡睡醒醒，都在收拾。後來醒來了，覺得好恐怖，怎麼那麼多東西要收要打包，然後睡了，又繼續在夢裡收拾打包。」

唉攸威呀，這麼情緒飽滿的夢境呀！

「黃牛哥哥，這個夢在說什麼呀?!」

呵呵，真是精采，真是精采！

夢，到底在說什麼，陪伴的人真的只能猜，而夢的主人，常常只能乾著急，但是，又經常處在「我覺得這個夢好像在跟我說什麼，可是偏偏我又想不出來」的狀態。

豐仔沏了一壺茶，是剛拿貳等獎的高山烏龍，真是清香淡雅啊。我們兩個國中同學，正閉上眼睛小小口啜飲著那份高山才有的純粹溫潤，我接口說：「瑰曲啊，你這個夢，真精采，但是夢醒過來的時候，很難受對不對？」

「唉～對呀。真不喜歡夢到這個，偏偏這幾天，好像夢了兩三次幾乎一模一樣的夢。」瑰曲像悶壞了似的嘆了口氣，眉頭緊鎖說著。

喔?!兩三次幾乎一模一樣，那就更有意思了。潛意識不屈不撓地，兩三次來造訪，那，更值得好好的聽聽了！

「瑰曲啊，這個夢，你印象最深刻的地方是哪裡？」我用問句來幫這個夢找出一個聚焦點。

「收東西那裡。怎麼那麼多那麼多，一直收一直收都收不完，我真的有一種不想收的感覺。」

「這樣喔，這個一直收一直收都收不完，讓你感覺到……」我繼續往下問，好奇著聚焦點底下最大聲的情緒會是什麼。

「很煩，然後有一種被一大堆東西壓得喘不過氣來的負擔感。」

唉攸威呀，負擔感，又喘不過氣，這很難受的……我接著問：「最近，有沒有什麼事情，壓得你連正常呼吸都好像困難了起來？你要不要試試看閉上眼睛，慢慢的感覺，看看有沒有什麼心裡的話語或訊號傳上來……」

很信任我的瑰曲，輕輕的闔上眼睛，彎彎的睫毛眨呀眨，眼珠子在眼皮底下東轉轉西轉轉、上動動下動動，靈活極了！眼睛這樣動來動去，是潛意識暢通表達訊息的外在徵兆之一，我和豐仔看到都快要出神了……

瑰曲皺了一下眉頭說：「我第一個想到的是，有了孩子之後，家裡總是很亂，東西真的是收不完……」

呵呵，「皺了一下眉頭」，這是典型的意識思考訊號，剛好跟我們等待的潛意識訊號相反邊，這很正常。每當潛意識訊號呼之欲出的時候，意識因為主控生命習慣了，總會很積極很負責任地，趕緊出來發表意見。有意思的是，即使是這樣，在話語裡，夢的主人依然偷偷地給了一個通往山洞深處的引線。瑰曲開頭說的是「第一個想到的是」，第一個想到，表示，後面還有第二個，底下一點的那一個，等著要出來。這時候，陪伴者，只要願意等，常常都會等到。很像是在大雪山林道，隱隱的聽到了帝雉的爪子跟落葉碰觸的腳步聲，我們就等，安靜地等，等帝雉忽然跳上林道，寶藍色的身子與黑白相間的長尾，瞬間綻放。

「瑰曲啊～你剛剛閉上眼睛的時候，眼珠子轉得很順暢耶！」我笑笑的說。

「對啊，咻咻咻咻的，超順，好厲害喔！」連豐仔也忍不住，讚嘆了一下他親愛的妹子。

瑰曲臉上羞澀地綻放了微笑，真是好看。對潛意識順暢運作的讚嘆聲音一進來，常常，就誠摯地邀請了潛意識繼續說話。我跟著問：

「瑰曲啊～你剛剛說第一個想到這個，我想邀請你閉上眼睛，做三個深呼吸，說不定我們有機會聽到心裡頭的第二個或第三個……我剛剛在想啊，除了家裡的收拾以外，不知道啊，會不會是，還有什麼正在浮上來想跟你說的……」

幾乎是我話語一落的瞬間，瑰曲就睜開了眼睛，亮晶晶地又篤定地，她說：「**我知道了**！我知道了，前幾天我因為執照需要繼續教育而參加了研習，厚！真的是，一堆人，亂烘烘的，雜七雜八的，九十幾個學員，裡面有我大學同學，有我過去的同事，有我的前輩……一堆人，說著很表面、很 social 的話，大家都在交際，厚！把我給煩死了！」

唉攸威呀！我深呼吸一口氣，帶著心疼說著：「唉攸，那麼多表面功夫，那麼多紛雜的關係，讓你收都收不下，很難受……」

「對。對。對。收都收不下。收不完，也不想收……過去好幾個人生階段裡發生的好多經驗、拉扯、情感、記憶，根本收不完，收不下，又不喜歡那種表面的感覺，哎呀，就很慌。」

夢，走到這裡，已經八成打開了。原來，收拾，說的是「**收拾過去那些糾葛的情緒經驗**」。因為在繼續教育的研習會場，遇見那些過去相處過的人，於是過去生命時刻曾經發生的種種紛雜，跑回來造訪了。

清澈的理解，像是清晨的光線透過樹梢，讓潛意識的訊息清晰立體了起來。我繼續說：「瑰曲啊～不知道呀，如果這個夢，是**過去的你來到現在的你**面前，正在跟你說話……最近那個學著活在當下的你，這個新的你，有時候真的活在當下感受到生命的力量的你，聽著過去的你說著話，這個夢，在跟你說什麼？」

瑰曲均勻地呼吸著，闔著的雙眼咕嚕咕嚕地轉呀轉，三分鐘後，打開了眼睛，先深呼吸一口氣，然後開口：「我真的知道了，這個夢，跟我說的是，那些表面的人際互動，那些雜亂的、充滿繁複細節的種種，不再是現在的我所需要收下的了。我的人生，單純就很美好，看著女兒穿襪子可愛的模樣就很美好，那個表面又繁複的 social 世界，不用收下，所以也不用收完。」

唉攸威呀！

唉攸威呀！

難怪，瑰曲一開始解夢的時候說：「我真的有一種不想收的感覺。」原來，不只是不想收而已，是已經不用收下了。**夢很精巧的，用了收拾的「收」，來表達了要不要「收」下、要不要「收」進來生命裡。**

真是有意思極了！我心裡一直讚嘆：「太好了，太好了！」就這樣，陪一場夢，讓過去的自己與當下的自己交會了。一壺茶的光景，一場人生的上映，人生因為這樣，有了更貼近自己的可能。發現了什麼「不要收下」的那個剎那，常常回首一瞥，就有機會好好的看看現在的我「真正要的是什麼」。

用安靜與好奇來陪伴夢境，給出了珍貴的心理工作平台，讓夢的主人用當下的自己，好好的回頭探望模糊遠方曾經的自己。然後，深呼吸一口氣，帶著清亮的眼睛，看向接下來的轉折彎路。轉折點來了，就是更懂自己的極佳時機。當我們懂了這個歲月的轉折時刻要「收什麼」進到生命裡，正好就懂了自己可以燃燒的熱情與投入的渴望！

## 「煎牛排的夢」——喚回生命的核心渴望

從出生一直到老，有一個又一個的選擇要做決定。有些選擇挺大，像是大學選系選校、和誰一起攜手成家、決定在哪個城市落腳工作、選擇樹葬還是火葬；也有偏向中型的選擇，像是先當兵還是先考研究所、年底要不要準備跳槽、孩子送去華德福還是走路五分鐘就到的國小、要不要提早退休；更多的是漫布在生活裡的小選擇，像是這個假期要出國玩還是去台東看山看海、房貸要背多少比較剛好、要不要答應這個好像要追我的人的邀約……

大部分的這些選擇，都可以靠意識思考判斷來決定。而當選擇成了一個難題，常常是因為意識思考上已經試過了沙盤推演，卻仍然無法做出讓自己滿意或得以放下擔憂的決定。這個時候，**如果有機會透過潛意識的夢境訊息，說不定，這些原本傷透腦筋的選擇題，瞬間會因為夢透露了更深層的感受、心念，讓原本困住的處境**

**忽然變得有美感又有意境。這麼一來，原本看似兩難的選擇之間，有機會出現一道意想不到的光芒。**

下頭這個夢的主人，小蔡，是我很尊敬的藝術家朋友。我呢，菸不吸，酒只喝意境的；小蔡呢，菸，一根接一根沒有在停的，而酒，真的是當水喝。我呢，早晨寫書時常坐在熟悉的茶館的十六號座位；小蔡呢，總是坐在同一個茶館的十九號座位。老天爺保佑，他的座位離我有一小段距離，要不然我的早晨，真的是在他的煙霧繚繞中開啟的。

和我同年屬雞的小蔡，生命力道厚實又才氣逼人，在文創界，三十出頭就已經成名。中部山城長大、留學英國的他，有著泥土的力量，又有驚人的創作爆發力，去年大型的創作品，還被歐洲北國的國家美術館選為展場裡的主視覺。

那天，我和小蔡一起喝著清酒，啜飲一口之後，他這樣開頭說著：「唉，少年得志大不幸……少年得志，就以為這個世界掌握在自己的手裡，然後有一天就發現，不是這樣……」然後，他一杯接一杯，原本啜飲著的清酒，瞬間轉變成喝生啤酒的架勢，轉眼就要把我珍藏的那瓶大吟釀喝光了。

最近把力氣都移到寫書世界的我，金錢的收入和之前比起來少了不少，兩個女兒和我去 7-11時，都知道最近家裡收入不多，不要叫把拔買零食給她們吃。錢沒有那麼充裕的時空背景下，看到那一瓶不便宜的清酒快被眼前的藝術家幹光了，我趕緊聚焦問下去，主動積極的打斷他順暢的喝酒流程：

「唉攸，小蔡，發生什麼事？怎麼了？」

「不知道為什麼，最近香港和台灣的兩場個展，明明我自己挺滿意，可是，批評與冷漠回應接踵而來，一波又一波，幹！……對了，哈克，我跟你講，我昨天做了兩個夢，厚！都是情緒很滿很強的夢！」小蔡多罵一聲，就又喝了一杯。

「喔！太好了，夢的情緒越滿越強，含意越豐富，來，說來聽聽！」這瓶大吟釀，是我在超市駐足清酒展售區三十分鐘，選來選去之後才狠心買下的，我立志一定要想辦法保住最後 50 cc.，要不然週末晚上好朋友寶如來，就喝不到了。好險，小蔡沒有遲疑的，開口說了第一個夢：

夢裡，在一個房間，我讀著一位作者剛寫出來的書，房間角落的書桌旁，這本書的作者坐在椅子上，一旁站著蔣動。蔣動打開這本書的第一頁，靜靜地讀著這本書的第一行：「一九六九年，冬……」讀著讀著，蔣動點頭讚嘆著說：「這是經

典之作，會傳世。」我在後頭，看著作者與蔣動的背影，目光停在那一行字：「一九六九年，冬……」淚流滿面，很觸動……

小蔡的這個夢，簡短有力又情感飽滿，是典型的「曙光頓悟夢」（insightful dream）。在夢裡觸動到淚流滿面，是非常珍貴的夢境。夢裡流淚，特別是感動、觸動的那種流淚，特別有洗滌心靈的功效。夢裡觸動的那個點，常常在夢解開之後，會有機會懂了自己內在的核心渴望或熱情所在。我自己也做過一個很類似的夢，夢裡我手持著三炷香向山林祈求，請山神指引我接下來的路……夢裡我也是淚流滿面，感動不已。這類型的夢，指引性高，又沒有廢話，常常說出來被聽見了，瞬間就有機會懂了。

同時，這個夢有另一個很有意思的地方：它出現了清楚的數字「一九六九」。夢裡的數字，是很明顯易見的解夢聚焦點，也就是說，從數字這個點聚焦問進去，很有機會可以懂得更裡頭的夢境含意（這本書的第二二〇頁也有另一個跟數字有關的夢）。我帶著一份對於潛意識智慧的敬意，專心的問：

「一九六九，這個數字，有沒有讓你想到什麼？或者，冬，這個季節，說著你人生的什麼？」

小蔡，深呼吸一口氣，沒有遲疑的，幾乎是不到三秒鐘，就直接說出了：

「一九六九年冬，是我出生的日子。」

哇！這麼直接喔！夢裡情感飽滿，又是觸動的情緒，表示夢的訊息很直接，幾乎就是直直的在跟夢的主人傳遞一份**生命報告書**似的。因此，我沒有遲疑的，帶著陪伴的心，這樣問下去：「如果這個夢，是你最近生命的一份報告書❶，這份報告書跟你說著什麼？」

小蔡長長嘆了一口氣，說了一長串的話語：

「一九六九年冬，是我出生的日子，也就是我的生命開始的時刻，所以，這本書代表的，是我的生命（小蔡的一個長長的深呼吸跟著「是我的生命」這個理解上來）。而蔣勳先生，對我來說像是我生命的導師。所以，蔣勳先生看著這本書，說：『這是經典之作，會傳世。』這一段夢，說的是：我的生命導師在我低潮的這一刻鼓勵我說：『**不擔心，不擔心這一兩個作品的褒貶……會傳世的經典，不只是你的作品，而是你的一生。**』」小蔡最後這句話一落，我看著他用力地忍住，這個硬漢才讓自己的淚水留在眼眶裡面不滴下。

我在一旁，有點不忍心，又很觸動。我比他愛哭，所以我的淚水早就已經濕了臉頰。我很喜歡小蔡的藝術創作，很有東方的安靜感受，在繁忙的塵世裡，像是一顆顆純淨透明的水珠。可能是我的眼淚陪伴到了小蔡，他繼續有著新發現：

「啊！我知道了啦，夢裡出現的那個中年作者，透露的訊息是：『我是自己生命唯一的作者。一天一天好好的活著，就是經典了。』而那句簡潔的語言，一九六九年，冬，說的是：『不用廢話、不需要贅述，只要單純的、認真的，在這個季節，在今天、明天，好好活著、創作著，就是了。』」

小蔡深深的又呼出一口氣。我，也跟著吐了一大口氣。像是，生命不總是可以找到出路、找到答案，但是，有時候當我們懂到了潛意識的深處，對於自己的處境，忽然有了新的視角來著地與站立。

解夢的覺察歷程，常常會像小蔡接二連三的體會這樣，在有了第一個發現之後，第二個、第三個體會自動跟上來，像是「綳！」一聲，第一次打開一個生鏽的鐵罐子似的，第二次要打開罐子時，就順暢很多了。

小蔡講自己的夢講到入神了，手裡那一杯大吟釀，已經十五分鐘都沒有沾唇了，杯子舉起又放下好幾回合。可能因為腦海裡快速閃過的生命畫面與活跳跳的夢境持續地交錯著，杯子舉在半空中的他，自言自語的，跟我說著第二個夢，那是做了第一個夢的隔天，夜裡跳出來的夢：

夢裡，我在考試，考試的題目有四種，前半部是選擇題、是非題，後半部是問答題和操作題。選擇題和是非題似乎都沒有什麼意義，又充滿細節，有一些選擇題是要看過實在是沒什麼意義的長篇大論之後，才能完整回答出一兩個正確答案。

夢裡，我把大部分的時間都放在後半部的問答題和操作題。比如說其中一個操作題是煎牛排，厚，怎麼會有這種題目啦！因為我時間都花在操作題和問答題，所

( ) ㄐㄧㄝˊ果是什麼ㄧㄢˊ色。
①五ㄧㄢˊ六色 ②灰色 ③紅色.

ㄒㄩㄢˇㄗㄜˊㄊㄧˊ。( ) ㄏㄨㄛˇ的ㄧㄢˊ色是什麼ㄧㄢˊ色。
①黃色 ②白色 ③黑色

是ㄈㄟㄊㄧˊ

( ) 每一個ㄏㄨㄛˇㄧㄢˋ都是紅色的，喔
( ) 小ㄍㄡˇ的ㄨㄟˇ巴和貓ㄇㄧ一樣長，喔
( ) 阿毛的ㄅㄧˊ子和長ㄐㄧㄥˇ鹿的ㄅㄧˊ子一樣長，喔

以交卷前的五分鐘（或是十五分鐘），我的選擇題和是非題都完全還沒有作答，害我急死了。

陪伴解夢，像是慢火烘烤烏魚子一樣，用文文的火，慢慢的來。快了，怕會燒焦、壞了味道。所以我讓自己澎湃的心緩了一下，隨著緩下來的呼吸，來慢慢問：

「考試的夢耶～說說那個選擇題和是非題給你什麼感覺。」

「厚！拉拉雜雜寫一堆，一堆跟我想學的東西沒有關連的細節，煩死了。」

「唉攸，這樣喔～那，煎牛排呢？煎起來感覺如何？」

「哈哈！煎牛排那個，很酷，有人這樣考試的？那個牛排放到爐子上，滋滋滋滋的聲音，超好聽！」（說到這裡，他發呆了兩分鐘左右。）

通常，夢的主角一發呆忘了說話，是因為潛意識正在「piou-piou-piou-piou」電光石火地與意識搭上線。這種時刻，陪伴者只要做一件事情，就是專心的等待。

兩分鐘後，小蔡忽然回神，繼續說：「幹！明明煎牛排就是主菜，可是因為要考試、要評量，所以我在夢裡，竟然是匆匆忙忙把牛排往爐子上一放，就跑去下一關回答是非選擇題了。真的是！厚！要停在這裡的，**要停在操作題這裡的，這才是**

**主菜，煎牛排才是我要專心做的事，而不是那些是非選擇小題目。」**

是非題，「是非」這兩個字，突然在我腦海裡像擴音器一樣大聲的播放著，是關鍵字，是。我深呼吸的脫口而出，低吟著：「是非，是是非非……」小蔡忽然放下手上盛著好酒大吟釀的杯子，大力的拍了一下自己的頭，說：

「我知道了啦！對，真的是，是是非非。我最近個展遇到的那些批評、那些流言，真的就是夢裡說的『是是非非』。對啦！

「然後，選擇題，意思是，潛意識要我學會選擇：要選主菜，好好煎牛排，還是選擇匆匆忙忙回應那些是是非非。」小蔡幾乎沒有斷句的一口氣說完這段話。一說完上面這段，小蔡整個人癱在椅背上。潛意識訊息，一旦傳遞完整，夢的主人，身體常會忽然的鬆開，像是重要的訊息確定被接收到了，而放心、放鬆了。

唉攸威呀，這麼震撼人心的智慧提示啊！我們不都這樣嗎？汲汲營營的努力用心回應身旁的是是非非、人情世故，想照顧好這個，也照顧好那個，這個細節也注意，那個眉角也關照。然後，當生命的大命題到來時，我們因為前面奔波得太累了，常常只能匆忙跳過生命的大提問。夢裡的操作題、問答題，似乎說著：生命裡需要好好回答的申論題、問答題，是那些關於人生使命、在生命結束之前真的想好好操作的事，這些占分最多，但最不容易回答。

哎呀，是是非非啊！是要學會選擇的啊！

夢，如此大聲的，在夢裡，呼喊著主人：「移動你的目光吧！不要因為那些負向的批評與冷漠無情的回應，就只看著是是非非，而借酒澆愁一杯又一杯。放下酒杯，回到生命的操作題、人生的問答題吧！」

轉眼間，我猜想小蔡這段解夢快告一段落了，趁著他低頭看手機叮咚訊息的空檔，我趕緊把大吟釀的酒瓶收進廚房櫃子裡，順手拿出愛之味麥仔茶，倒了滿滿一大杯給小蔡喝：「來來，喝一杯冰的，慶賀一下你聰明的潛意識！」小蔡忽嚕忽嚕一飲而盡，順口說著：

「ㄟ！哈克！你真的名不虛傳喔！三兩下就把我這個怪透了的夢給解開了！我以前聽別人講都不信，這下子我真的服氣了。」

「ㄟㄟㄟ，不要這樣講！是你這個藝術家厲害！好酒配英雄，你的潛意識棒透了，是是非非，這麼漂亮的疊字雙關語，真是創意十足，難怪你的藝術作品可以穿透那麼多人的心。」

小蔡：「哈克啊，你教我解夢好不好？我覺得這個學起來，把妹，會很流暢耶！」

我：「哈哈哈，把妹，我覺得還是靠真功夫就好，靠解夢，有點靠……靠……靠靠……靠不住！而且，我跟你說，你跟我不一樣，你是藝術家，創作的動力有一部分就是來自於生命卡住時想脫困的動力。而解夢，一不小心就會看見曙光，我怕你會因為這樣脫困太快，而少掉重要的藝術創作品，那就少掉了幾個美術館收藏主視覺的機會，這樣會不會太可惜了？」

「也對。好，那我偶爾來找你解夢就好了。對對對，把妹，還是靠真功夫的好，真理真理，說的真是有道理！」

是是非非，選擇選擇；

問問答答，操操作作。

同一個夢的主人有了隔了一天的兩個夢，「一九六九年冬」和「煎牛排的夢」，竟然用這樣簡單又精準的隱喻，給了正受困著的生命一份提醒，提醒著接下來可以活的樣貌，也提醒著眼光視角可以移動的方向，真是有意思！

❶「如果這個夢是最近生命的一份報告書，這份報告書跟你說著什麼？」這個問句是尤金．甘德林（Eugene Gendlin）在他的解夢書裡，提到的精采解夢切入點。本書的第一五五頁，有更清楚的概念與例子解說。

# 透過夢，凝視孩子

陪伴解夢，可以是陪朋友，可以是陪家人，當然，也可以陪孩子。

冬天的清晨，我人在國外，手機裡收到夫人傳來的Line，跟我實況報導說：「阿毛今天早上，笑笑的跟我說：『媽媽，我昨天做了一個夢。我夢到我自己走路去上學，都不用你帶我，我自己從家裡走到學校。』」

唉攸威呀，真是好聽。我的五歲女兒黃毛毛，最近很眷戀馬麻，讀幼稚園中班的她，身旁有些同學已經可以從校門口就自己走進教室，我猜，五歲的女兒，開始有了同儕壓力。有一次我牽著手送她走到教室，靠近教室時，小妹妹把頭上可愛極了的禦寒套頭脫了下來，一邊脫一邊跟我說：「我怕同學會笑我戴這個紅色套頭……」

通常，有融入一段同儕關係，人才會在意，因而會伴隨壓力。因此，有同儕壓力，表示女兒，已經在同學的關係裡融入了，這挺好。同時，同儕壓力屬於無所不在的壓力源，挺辛苦的。

我在心裡猜著……

當把拔的，聽說只有兩件事可以好好做，一是，我來猜……，二是，我來愛……

我猜，中班的小朋友，有一些已經可以沒有困難的在校門口跟爸爸媽媽說再見，也有不少家長趕著要上班打卡，根本沒有時間牽著孩子的手進幼稚園的教室。這些孩子，需要更早就裝備好自己，即使很想把拔馬麻陪，也知道要自己走進去。這些自己走進校門、進入教室的同學，很可能，是阿毛目前的同儕壓力來源之一：「她們都可以自己走進來，為什麼我都還是要把拔馬麻陪？」

會不會因為這樣，所以阿毛做了這個活跳跳的夢：「媽媽，我昨天做了一個夢。我夢到我自己走路去上學，都不用你帶我，我自己從家裡走到學校。」解夢書寫到五分之三的我，聽到這個夢，眼睛瞬間為之一亮！

## 夢到底是不是跟現實相反？

十幾年帶解夢工作坊的日子，還有以前在大學教書時，常常會被問到：

「老師，夢，是不是跟現實相反？」

「哈克，夢到什麼，是不是後來就真的會發生？」（通常這樣問，都是因為夢到不好的事。）

夢到底是不是跟現實相反，有兩個方向可以來說：

**方向一**：那些心裡很想要、幻想可以發生，但知道事實上無法實現的，會在夢裡實現。像是夢見當太空人遨遊天際，或是夢見安心亞穿著細肩帶的圍裙，正在廚房煮玉米濃湯；像是夢裡出現六個金城武，其中五個一起為你全身精油按摩，最後一個在一旁準備熱毛巾要……

**方向二：**那些知道短時間之內很難擁有，但未來是有一些機會發生的，會在夢裡一次次演出。像是我二十歲到三十歲最常夢見的就是在水溝裡釣魚，然後一直釣起來的，都是黃澄澄的五十元硬幣，一個接一個，釣到開心極了，哈哈！也像是一個白天在五十公尺游泳池沉沉浮浮，要拿浮板，又要拉有浮球的線，才能到達對岸的自己，夢到月黑風高的夜裡，自己一個人泳渡日月潭，在安靜無比、大大的湖水中央，握拳感動不已……

所以，不是和現實相反，而是，**想要卻無法發生，或想要但暫時沒有辦法馬上發生的，在夢裡正在上演。**

## 夢到什麼，是不是後來真的會發生？

接下來，來看第二個對夢的好奇：「夢到什麼，是不是後來就真的會發生？」

會這樣問，通常是夢到親人過世、夢到面試時表現糟透了、夢到出國要搭飛機卻忘了帶護照……這樣的夢，如果是預知夢，那就辛苦了！還好，百分之九十幾這樣的夢，都不是預知夢，而是「擔心夢」。

「擔心夢」的意思，是說，這些夢到的，都是心裡有很強的擔心，擔心親人或自己的身體健康、擔心面試的過程會太緊張而失常、擔心出國有沒有什麼忘了準備……這些擔心，化為夢境，潛意識透過這樣的夢，提醒夢的主人，說不定，可以多照顧一點什麼，或多準備一些什麼。

所以，回來看看小阿毛做的夢：「媽媽，我昨天做了一個夢。我夢到我自己走路去上學，都不用你帶我，我自己從家裡走到學校。」這是屬於哪一種呢？

兩個內在力量的拉扯，讓這個夢在「幼稚園中班」這個時間點來到。

**力量一**：對把拔馬麻的眷戀、捨不得，這可是人生可以有的珍貴連結呢。

**力量二**：想要獨立的、勇敢的自己走去上學，想要施展自己的長大的力量。

這兩個力量，拉扯著，在每個白天，八點到八點二十分之間，每個星期發生五次。白天，常常經歷這樣的拉扯，到了晚上，潛意識就給了這麼一個夢，夢到不用馬麻帶，就可以自己走路上學，而且不是從學校門口走進去而已，是自己從家裡走到學校。這個因為掙扎而有動力產生的夢，屬性上，偏向剛剛說到的方向二，是那些知道短時間內很難擁有，但未來有機會發生的，在夢裡演出。

這個五歲的孩子，正在為自己蓄積動能，願意想像，也期許自己有一天，可以這樣擁有力量，用自己的雙腳，從家裡走到學校。這是女兒想要發生的未來，即使目前還有一些難度。

透過夢，讀到了孩子的掙扎，同時也讀懂了背後的願意，那麼接下來，就可以帶著這份懂，陪孩子。於是，我從日本回到台灣的第二天，一大早七點十五分在家裡客廳，黃毛毛自己開口說：「今天我要把拔送我（去幼稚園）。」

我說：「好丫！」然後，我開著車，一路上和黃毛毛合作，修改著前幾天創作的歌詞：

綠綠的葉子啊，藍藍的天空啊，我們家的小阿毛，是春天開的一朵花……

綠綠的葉子啊，藍藍的天空啊，我們家的小阿毛，是甜甜的小香菇……

綠綠的葉子啊，藍藍的天空啊，我們家的小阿毛，是紅紅的小草莓……

呵呵，阿毛笑得很開心，因為我們在歌聲裡真的情感上有靠在一起。快要接近幼稚園門口時，我問：「阿毛，今天，你想要在哪裡，跟把拔說再見？」坐在後座的阿毛，沉思了一下，說出了很有水準的回應：「把拔，今天啊，如果你在校門口找得到停車位，那你就陪我走到教室；如果啊，找不到停車位，那我就跟大班的小朋友一樣，自己從校門口走進去就可以了。」

當爸爸的我，手握著方向盤，深呼吸著……這個孩子，這麼小，就已經擁有了並存的內力，可以勇敢，同時，也可以眷戀，而且還帶著對身旁人的一份體貼。謝謝老天爺，如此照顧；謝謝潛意識，如此聰慧。這一天，冬天的太陽照耀著，願陽光的溫暖，這樣繼續灑落大地。

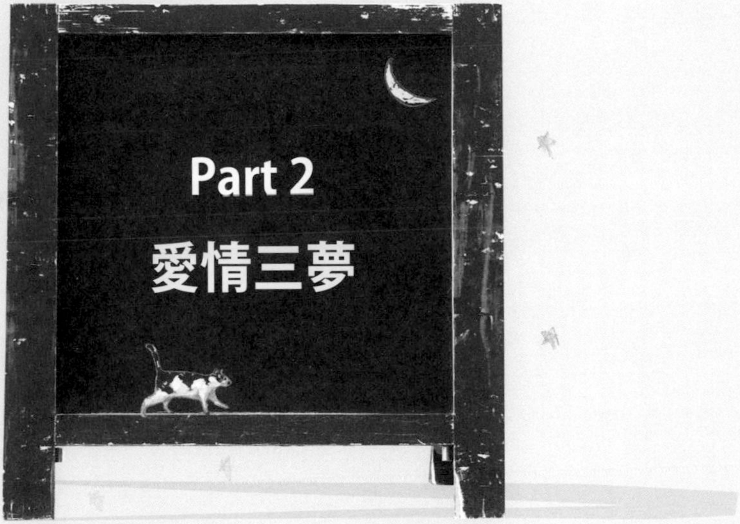
Part 2
愛情三夢

生命的春夏秋冬，有各自季節的美，同時，也帶著那個歲月階段的挑戰。挑戰來了，大部分的時候，潛意識會先給我們一些提醒、提示、訊息，透過身體、透過內在畫面，也透過夢境。

只是，很多時候我們日子太忙、生活太滿，因而讀不到這些訊息，潛意識只好更大聲的跟我們表達，這時候，常常就是身體出狀況的時候了。感冒頭痛、這裡發炎那裡扭到、忘了重要的東西沒帶……這些症狀，常常逼使我們不得不停下來，然後問自己：「怎麼了？」

春夏秋冬季節更替，新的挑戰已經兵臨城下，而舊有的資源卻還沒有來得及集結應對，於是崩壞跌倒相繼發生。如果不要等待生病了或出事了，才停下來問自己「怎麼了」，那麼，真的可以透過記夢、解夢，來好好的想想，主動的為自己創造停下來的時空，好好的問、好好的聽：

「嗨，親愛的自己，走到這裡，什麼不一樣正在發生？」

「新的日子即將到來了，生活裡，什麼本來很多的，適合少一些；什麼本來一點點的，這時候正好可以多一點呢？」

在這個人生新的階段來到的時刻，透過「個人化解夢」的方式，很有機會為自己找到這個階段最適合呼喚的資源到來。

## 個人化解夢法vs.查詢夢的辭典

這本書裡呈現的真實解夢故事，在哲學觀與概念上，都偏向於「個人化解夢法」。「個人化」的意思，是在陪伴解夢的過程裡，去尋找到**專屬於主角的獨特連結和意義**。在二十年的潛意識工作生涯裡，我發現「個人化解夢」這樣的態度與方法是最尊重人，也最能幫助迷惑的生命找到力量的一種解夢方法。

會使用「個人化解夢」的方向來看待夢，是因為每個人的心裡頭，夢見的人或物，都有屬於自己的獨特意義或連結。比如說，有些人怕狗，於是如果夢見狗，可能代表某個他害怕的人正在逼近；而另一方面，真的有不少人是非常喜歡狗的，當愛狗的人夢見了狗，很可能說的是，心愛的對象正在靠近，或者是喜歡的事情快要發生了。

「個人化解夢」是一種為夢的主人量身訂做的解夢方法，讓做夢的人，安心又安穩地找到心裡那個獨特又有意義的連結。而和「個人化解夢」相對的另一種解夢方法，叫作查詢「夢的辭典」（dream dictionary）。查詢夢的辭典，從字面上就可以理解：根據夢見的內容，翻閱一本像是辭典一樣的對應手冊，來理解夢境內容代表的含意。

農民曆常常附的「周公解夢」，就是夢的辭典的典型代表之一。這個解夢的方法像是查字典、查辭典一樣，根據夢見的內容來查詢對應的代表含意。比如說夢見烏龜、鶴鳥代表長壽，夢見貓頭鷹代表有智慧的人，夢見屋子的地下室代表心裡底層正在發出重要訊息。

「查詢夢的辭典」的解夢法，好處是對應清楚，一點都不模糊，而隨之而來的缺點是，用夢的辭典這樣的方式來看待夢，有時候夢的主人會有這樣的反應：「真的是這樣嗎？」「這樣嗎？好像沒有特別的感覺ㄟ！」

而「個人化解夢」在學習上需要慢慢體會，有耐心的陪伴與等待答案浮現，因為真正的答案沒有辦法查書、查字典就知道，需要夢的主人的潛意識因為安心、因為被尊敬，而在最後真的透露出珍貴的訊息。

接下來，帶著「個人化解夢」的心情，來一起看看下面三個哈克珍藏了好幾年的真實夢境。這三個夢境，正好發生在主角愛情生命的新階段起點，分別是「進入親密關係前」「婚禮即將到來」與「結婚之後」。

## 「準備發射的小火箭」——進入親密關係前

小粉紅是個年輕女子，這個夢出現在解夢工作坊的四個月前。她這樣開始說著自己記憶清晰的夢……

我在一個空地，空地上有一個很大很大的白色炸彈，上面是橢圓的。一開始我只是看著炸彈，後來我的右手邊出現白衣人，白衣人叫我趕快跑，跑的時候我發現自己在一個竹林裡，竹子都緊密地靠在一起，所以我只能用闖的……

然後我妹妹出現了，我們一起跑到外婆家的三合院，三合院對面坐了一個老人家，我跟他說，跟我們一起走。老人家對我微微一笑，說他跑不動了，要我們先跑。我有想過要不要背著他跑，後來覺得背著他可能跑不動，所以就跟他道別。然後我跟妹妹一起跑，四周開始變得很暗。我很害怕地吶喊說：「阿嬤！天使！救救我們！〔啜泣著說。〕」我看著炸彈那個方向，它好像要爆炸了……

在解這個白色炸彈的夢之前，連著將近一年的時間，小粉紅持續報名參加我的解夢訓練團體，因為這樣的熟悉，我們之間的安心連結，已經自然的在互動裡建立好了。於是，我選擇直接來探訪主角心裡可能的聚焦點。

我問小粉紅：「妳提到夢裡的白色炸彈、老人家、三合院、爆炸、逃走、妹妹，有沒有哪一個部分，妳會最想進去看的？」

「三合院。」小粉紅沒有猶豫地回答。**清晰又沒有遲疑的聚焦，很可能說明著主角強烈的探索動機**，太好了！

有了聚焦的好落點，我接著問下去：「三合院，好，來給三合院三個形容詞。」

小粉紅：「童年、開心、愛。」

童年、開心、愛，這三個形容詞進到我的耳朵，心裡跳出一個直覺：會不會說的是「關係」？童年的快樂，常常來自於關係，開心與愛，也常常來自於關係。我開始不由自主的猜測，這個夢，會不會跟「關係互動」有關。心裡有直覺式的猜測，是很天性、很人性的狀態，這時候，很適合的作法是把這樣的猜測放在心裡，然後繼續溫和的陪伴、提問，逐漸更了解主角所描述的故事、故事背景、內在渴望、需求和想要。會需要這麼做，是因為，**在訊息還不夠完整之前，如果帶著分析夢、破解夢的姿態，常常會讓主角有被侵入的感覺，因而決定關緊門來。**

我的心裡帶著這個猜測，想著要鼓勵主角透過「與夢境角色對話」的方式，繼續往裡頭探索。於是我這樣問：

「童年、開心和愛的三合院，看著小粉紅帶著妹妹要遠離那個炸彈。然後，很想帶著這個老人家一起離開。如果妳是這個三合院，妳會跟小粉紅說什麼？」

小粉紅閉上眼睛，泛著紅潤的臉頰微微跳動著，一串話語從潛意識啵啵啵啵地湧出：

「我是三合院，我會用我大大的手抱住妳。我會用我遼闊的院子保護妳。我會用我的屋簷幫妳遮風擋雨。妳可以在院子裡面玩耍、乘涼……」

唉攸威呀！「抱住、保護、遮風擋雨」可不是淺淺的小訊息，這很有可能是潛意識在大聲地說：「如果你有什麼想前行走去的，不擔心，我會保護你。」這樣來自潛意識的確認與保證，很有可能是主角非常底層的資源。當我還在心裡被這段「抱住、保護、遮風擋雨」這麼有力量的語言震撼著的時候，小粉紅可是一點都沒有停歇，自動地又很有感覺地說著下頭的話語（小粉紅對三合院說話）：

「我站在三合院的入口，跟它鞠躬說謝謝……跟三合院道別。我要跟三合院說，謝謝你，謝謝你的照顧，讓我平安長大，讓我長出翅膀……謝謝三合院給我開心的童年，給我很多很多的愛，當我準備好時，我就可以飛出去了。」

真是精采！這是帶著感覺的夢境扮演，給了保護、給了照顧，然後也給出空間，說：「準備好的時候就可以起飛翱翔了！」小粉紅自動地選擇了整個夢境裡，最滋養的部分（三合院）開始，似乎也為自己準備著接下來想要去探索的更刺激的夢境。

可能因為這樣的準備帶來了安心，小粉紅開始這樣描述著夢裡的白色炸彈：「我想來講那個炸彈，那個炸彈高度比這個房間更高。我有畫，有點好笑。你可以看一下，好難形容，因為那個炸彈橢圓的頭它有那種……橫紋。然後……大概在炸彈三分之一的地方好像是有細細的鐵欄杆圍住它，白色的炸彈、白色的欄杆，就站在咖啡色的土地上。」

小粉紅一邊用手比著白色炸彈的形狀、大小、圍著細細白色欄杆，同時，若有所思的像是自言自語地說著：「如果，如果我有個很大很大很大的網子，我就可以

小粉紅手繪的白色炸彈

把炸彈綁起來打包帶走。只看炸彈的時候，不覺得它很可怕，我是想把它帶走……」

「把炸彈綁起來打包帶走」，太有意思了！照常理的邏輯推理，炸彈是避之唯恐不及的物品，主角竟然想打包帶走。**探索夢境時，當主角出現了這樣的「和常理很不一樣的感受或思緒」，常常是一個關鍵的線索！**如果我們把這個「和常理不一致的地方」當作探索夢的入口，那麼珍貴的潛意識訊息、即將碰觸的潛意識智慧很有可能正在快速的與我們接近中。

「打包帶走……打包帶走……」

我在心裡重複低吟著這幾個字，「關

係」這個直覺第二次跳了出來。會不會有什麼重要的「親密關係」或「親近連結」，是小粉紅好想好想打包帶走、完整的擁有、好好感受的？會不會因為好想好想，所以就做了這個夢！直覺歸直覺，猜測歸猜測，我閉上眼睛讓自己來一個深呼吸，繼續用心的聽下去、陪下去。

十分明顯的，夢境裡最搶眼的，正是白色炸彈，於是我緊接著邀請小粉紅來扮演夢裡炸彈：「小粉紅，我很想多了解一點妳夢裡的白色炸彈，想請妳扮演一下那個大大的白色的炸彈，好嗎？」

出乎我意料之外，小粉紅說：「我想演那個漁網。」

呵呵，太好了，**主角清晰的主控感在這裡出現，這是非常好的徵兆，像是夢的主人牽著我的手，讓我陪她一起去開啟藏寶盒一樣**。

我：「喔……包住那個炸彈的漁網，好！妳會怎麼說那個漁網呢？多形容一些，讓我們更懂它一點……」

「有點類似學校樓梯間的網子，是黑色的，那個炸彈非常大，所以我的網子要更大。我的網子有個特性，它是**有彈性的**，所以小小的就可以撐很開。對！它是遇強則強、遇弱則弱的，因為它是軟的，所以被它網住的東西不會痛，而且網子它有空隙，所以炸彈可以呼吸。可是，我的網子它的那個口好像有點小，一開始不知道怎麼把炸彈放下去～」

聽到這個極其傳神的描述，我對於前面的直覺猜測越來越有把握了，因為這段網子的描述出現了好幾個親密關係裡會有的關鍵字：有彈性的、有空隙**可以呼吸**、網住。小粉紅還提到「口有點小放不進炸彈」，如果我的猜測正好貼近，這句話可能說著：「讓另一個人進到我的生命裡，現在會不會有點勉強，可能有些辛苦。同時，**因為這個網子的特性是有彈性的，所以未來是很有機會的！**」當我還在心裡頭猜著的當下，小粉紅已經自動地往下說了：

「那個網子因為現在口太小，如果要把炸彈放進去，這樣會太辛苦……不過可以先從炸彈的右下邊，先掏一點上去。」

「可以先」「先……一點」這樣的語詞，清楚的說著，主角內在有一個很想走去的所在，此時還有些困難，同時，有很明亮的動機想要先啟動點什麼，先開始點什麼。像這樣，同時去聽見主角的「困難」與「想要」，是陪伴解夢的關鍵心法。

表面上看起來，我們是在夢境隱喻的世界裡推理、思考著，同時，因為這樣一步一步推敲思索著夢境隱喻的歷程，我們也正一吋一吋、一湯匙一湯匙地，更懂主角的內在世界。每一個問句、每一個回答、每一個扮演形容，都提供了多樣細緻又彼此相關的資料，讓我們有更了解眼前這個生命的機會。

我：「妳的夢實在是太精采了，聽妳的夢，我從頭到現在真的是深呼吸不斷，同時，我有預感，我們快要靠近這個夢的核心了，想要請妳幫忙，帶我們走去那裡。整個夢，妳最有感覺的地方在哪裡？」

小粉紅：「吶喊。」

我：「好，吶喊。吶喊之前，我想先說說我心裡的猜測。如果我的猜測跟妳的心裡距離很遠，我要妳完全不理會我；同時，如果我的猜測有一點點靠近，妳可以感覺看看有沒有『叮咚！』或『Bingo～』的感覺。

**「我想問問妳，不知道啊，做這個夢的前後啊，可能是這幾個月或這段日子的妳，妳跟人的關係，有沒有什麼移動或變化……或者，有沒有喜歡上誰，或者有誰喜歡上妳？」** ❶

小粉紅閉上眼睛回想著，大約三十秒後睜開眼睛說：「如果以夢的這個時間……之前是有！」

「有，有什麼？」猜了整個上半場的我，這下子可興奮了，忍不住急切的問。

「嗯嗯……有一個感覺不錯的男生……」小粉紅邊想邊說。

「時間點多剛好，告訴我！」我興奮不已的問。

「**因為**夢是十月初！**所以**遇到那個男生是八月底……」小粉紅偏著頭想著，似乎在找自己實際生活事件與夢境之間的先後順序。

上面這一段盤旋語法似乎啟動了小粉紅的潛意識火花，看樣子，快要點燃整個夜空了！因為，小粉紅已經出現了她自己的「因為……所以」。在這裡，小粉紅所說的「**因為**夢是十月初！**所以**遇到那個男生是八月底」很有意思，潛意識很有可能透過這樣的「因為所以」，跟我們說「這個想打包帶走炸彈的夢」和「遇見那個男生」是有關的。

我們來倒帶一下剛剛這句關鍵的連結點。語言上，小粉紅用了**反推回去**的語法，如果我沒有猜錯的話，這裡的「**因為所以**」，說的是：「因為這個夢是十月初做的，而我遇見那個男生正好是在八月底，**所以**，遇到那個男生之後的一個多月，我做了這個夢。哎呀，邏輯上好像真的有先後因果的關係喔……」❷

**夢，一旦碰到了一點點連結的線頭，接下去常常是會拉出一整串驚喜的**。我帶著好奇，繼續想辦法收集多一點實際生活的訊息，我說：「嗯，八月底遇到那個男生，那再上一次妳碰到感覺不錯的男生是多久以前？」

「大學。」小粉紅沒有遲疑的回答。

「喔～大學之後到現在也經過了好幾年了，嗯，妳說八月底遇到那個感覺不錯的男生，然後十月做了這個夢，妳猜，這兩個之間會不會有關連？」我邊思索邊好奇地問著。

小粉紅的思緒這時候順暢的奔馳著，她說：「做這個夢之前，其實有夢到跟那個男生有關的感覺很好的夢。就是……他來我們家，然後我家人都在，小舅舅也在，我們並肩而坐，小舅舅一直問他很多問題，我就有幫他……擋那些問題。」

幫他擋問題耶！呵呵，我問的是這兩個之間有沒有關連，小粉紅沒有直接回答我有關或沒關，但是小粉紅的回應裡，直接說著**更相關的資料**，像是在說著：「你看，還有另一個夢也有關。」這下子，呼之欲出了，夢的訊息真的快要竄出水面了，這個時刻，我幾乎是屏息以待！

我：「嗯嗯，更之前的夢裡，妳幫他擋問題，保護他，很好的夢呢！對了，妳剛剛說，要來看看夢裡的『吶喊』？」

「哈哈，吶喊，**吶喊我要一個男朋友！**」小粉紅忽然笑出聲，說出這個意想不到又精巧萬分的內在連結！不知道為什麼，當小粉紅說出「吶喊我要一個男朋友」時，現場一起陪伴解夢的朋友們，心裡似乎出現了一種對於「青春歡暢的時辰」的慶賀感，好多人都不自主的深呼吸，像是說著：「唉攸，是這個喔……原來是這個喔……」這樣的帶著懂與理解的深呼吸，對於主角來說，是很棒的同在。

原來，夢裡的吶喊，說著一顆年輕的心想要進入親密關係的渴望。只是，夢裡的吶喊是求救的聲音，我在心裡想著，一個年輕的女子，想要有一個男朋友，然後呼喊著請求幫忙，會是什麼意思呢？我把我的思緒，化為語言，抓緊這個時機，想要更往裡頭走去。之所以要抓緊時機，是因為當第一個重要的連結與理解發生了，更深的感受常常會跟著上來，所以，我沒有停在連上、解開的喜悅裡太久，繼續往下走去：

「我在猜啊，嗯，有遇到一個感覺不錯的男生，來入夢……如果我沒有記錯，妳之前有跟我說過，外婆從小照顧妳長大，有一份恩情在……**我們常常在人生重要時刻是會吶喊重要的人來幫忙的**。妳在夢裡啜泣著吶喊：『阿嬤！天使！救救我們！』我在想，救救我，跟幫忙我，或是說我需要協助，是很類似的，我們來靠近這個很重要的吶喊……你有想到什麼嗎？我注意到妳的眼睛濕潤了一下……」

小粉紅紅著眼眶，左手不自主的碰觸著她的心口，哽咽的說：「剛剛哈克你說，**在人生重要的階段**就有一種什麼，就你剛剛講那段話的時候，讓我想哭……」

在我剛剛說的不短的一段話裡，其中讓小粉紅特別有感覺的地方在於「在人生重要的階段」，這個特別有感覺的地方，正好就是最佳的聚焦點。既然主角都牽起我的手要去開這道關鍵的門了，我當然把能量瞬間聚集起來，好好的說出下頭這一段話：

「來，我要妳繼續把手放在心口上，接觸它，接觸……那個吶喊……來……接觸它，聽它，聽它，生命中重要的時刻，會想要很重要的人，曾經愛過自己的人，來愛自己、照顧我、幫忙我、提醒我。在人生重要的這個階段，是什麼需要這一份照顧？生命階段的這個時候，是什麼需要被指點？生命的這個階段，是什麼需要看見、尊重，同時又不捨？生命的這個階段，是什麼可能會爆炸，需要保護自己……我看到妳的手握著拳，很好……　接觸它……這個夢在說什麼？這個夢在提醒些什麼？這個夢在表達什麼？是小粉紅可能在清醒的時候，不見得有辦法說的，但是夢幫妳表達了，夢幫妳說話了……如果有就開口，即使只是一點點，我們從這裡開始……」

小粉紅握著拳頭，帶著力量說出下頭這段讓我、讓大家一起噴淚的話語：

「我剛剛聽到我阿嬤跟我說……**嘸免驚！妳叨勇敢去愛！**」（閩南語的「不用怕！妳就勇敢去愛！」）

「喔……嘸免驚！妳叨勇敢去愛！妳要勇敢的去愛！喔，原來那個害怕，是對於情愛的害怕，害怕情愛一旦開啟了，會不會就像是炸彈……爆了會怎樣……喔，原來是這個喔……」我讚嘆地說著，讚嘆著小粉紅的潛意識擁有這麼精采的連結，把對於進入親密關係的擔心，化為這個四個月前的夢境，真是魔幻等級的潛意識編劇編織出來的巧妙劇本！

小粉紅聽到阿嬤的這句像清晨的鐘聲般的話，流著眼淚，頭微微往左邊斜著，右耳像是聽著遠方的聲音似的。我猜，這個年輕的生命正一邊感動著，一邊震撼著。流著淚接收著從阿嬤那裡傳來的鼓勵，小粉紅有好一會兒沒有說話，就只是靜靜的流著淚。我猜，她正用自己的速度，完整的接收這一份從童年就滋養著她的愛，透過阿嬤的閩南語母語的聲音。

大約三分鐘之後，小粉紅娓娓道來過去心裡有一些怕男生的記憶，所以現在並沒有什麼跟男生互動太好的經驗，雖然知道那已經是很久很久以前的記憶了，雖然覺得現在自己應該不用怕男生了，可是對男生的害怕還是會不由自主的跑出來。

會怕，對男生的害怕，像炸彈一樣，怕會爆開，怕會有傷害。害怕而且即將逃跑之前，出現了吶喊，吶喊從小照顧自己的阿嬤前來，而聽見呼喚吶喊的阿嬤，說出了如此簡短有力的話語：「嘸免驚！妳叨勇敢去愛！」我問自己，如果依約前來，聽見吶喊而來到的阿嬤，一定很想很想給這個孫女一份新的力量。所以，我帶著溫柔的聲音說：

「阿嬤說了，阿嬤說的話，我猜是全世界妳聽得最進去的話了，我猜力量足夠到讓妳**開始**……真的不怕了，阿嬤說什麼，再說一次！」

「阿嬤說，嘸免驚！妳叨勇敢去愛！」小粉紅帶著觸動的聲音，有點顫抖又帶著力量說著。

解夢解到這裡，大部分的夢境隱喻都已經解開連上了，接下來，就是照顧這顆心的時候了。我決定放一首歌給小粉紅聽，讓小粉紅從夢境裡接收到的好東西，可以柔柔的揉進生命裡去。我選了歌，找到了CD，放進音響裡，然後說：

「嘸免驚！妳叨勇敢去愛！真好聽，深呼吸、收進去，來放一首歌給妳聽，讓妳用英文歌搭配阿嬤閩南語的話……

「*Desperado*，老鷹合唱團的歌，勇敢去愛。允許某些人在某些時刻，進入生命裡，愛妳，有機會是美好的……｛音樂響起。｝音樂一直走、一直走，炸彈就會開始變！我跟妳打一個小小的賭，在音樂的旋律裡，妳的炸彈會開始變化，變得不一樣，後來妳會告訴我，妳的炸彈變成怎樣……

「……愛一個人的時候，常常就是讓他愛妳，特別是他真的喜歡妳，妳讓他對妳的喜歡可以進來，就是愛他的一種方式。嘸免驚……讓一個人愛是很值得害怕的事，讓一個人愛、讓一個人進入我們的生命，是很值得恐懼的事，同時，它也是一件值得我們嘗試的事……」｛老鷹合唱團唱著：You better let somebody love you, let somebody love you... before it's too late...｝

三個多小時以後，在解夢訓練工作坊結束前的分享裡，小粉紅說出了讓大家都深呼吸觸動的話。她說：

「**大大的炸彈，剛剛，變成了長長的火箭，我坐在上面……**」

唉攸！原本在夢境裡讓主角害怕、需要逃離的炸彈，在被深刻貼近理解之後，自動地又順暢地演化成可以搭載主角的火箭，美麗啊！

## 後續發展

工作坊結束之後三天，小粉紅寫了這封信給我……

哈克好，在我生命這個階段，潛意識讓我知道：「進入或擁有一份親密關係，我準備好了！」這對我來說好重要！之前只有認知層面的擔心與焦慮，擔心三十幾歲了，另一半還不知道在哪？而情感層面卻清楚，根本還沒有準備好呢。

有機會透過被陪伴夢、解夢的過程，讓我知道潛意識在說：「我準備好了。」真的是非常感恩的事。我想，日後若緣分來了，我會很勇敢的前進。那天回去後，想把小火箭畫出來，只是，要畫得很清楚，感覺很難啊！先用說的：我幫它取名叫「乘著愛飛翔的小火箭」，上頭坐著我跟我的內在小孩，有方向盤……**小火箭瘦瘦的，略長，紅色的火箭頭，白色的身體，尾巴是噴射引擎**，而我跟我的內在小孩坐在火箭上，頭髮有風拂過的飄揚

～夜空中繁星點點……是很美好的畫面。越來越覺得，跟夢或潛意識靠近的時候，是開心好玩的。謝謝哈克！

讀著小粉紅的信，我停在「乘著愛飛翔的小火箭」這裡，「飛翔」兩個字讓我有一種好像聽過的熟悉感。我回頭去看解夢逐字稿，找到了一開始解夢時三合院那一段，在那個時候，「飛翔」這個元素就已經穩穩的存在了呢！那一段是：

「我要跟三合院說謝謝你的照顧，讓我平安長大，讓我**長出翅膀**……當我準備好時，我就可以**飛**出去了。」

從害怕到要逃走，竟然可以走到這裡，乘著愛飛翔。炸彈，原本害怕會爆炸的炸彈，那個原本擔心爆炸的火藥，是不是在心裡演化成火箭噴射前進的動力來源？唉攸威呀，怎麼會這麼棒啊?!潛意識啊潛意識，真是太奇妙了啦！

七天後，小粉紅又寫了第二封信來：

哈克好，工作坊結束之後，那種「原來是這樣啊！」的開心一直陪伴著我。關於白色炸彈裡提到的網子，現在沒有在畫面中，因為要用網子綁

住比自己還大的東西很辛苦……這幾天做了些我覺得很妙的夢，我爸、媽與哥都被我夢到了，連家的場景也從舊家變成現在的家的樣子。我猜，**內在也在長大，不留戀或依戀過去了……**

小粉紅寄來的這封信裡，除了這段文字，也給了她手繪的圖：乘著愛飛翔的小火箭。

回給小粉紅的信裡，我這樣寫著：「親愛的小粉紅，看著妳的信，我一直笑著，是很開心的那種微笑，真心的為妳高興。給妳滿滿滿滿的祝福。」

❶ 這裡，稍微使用了盤旋語法，給出不同的選項讓潛意識選。「時間選項」給了「做這個夢的前後」「這幾個月」或「這段日子」，而「主題選項」給了「妳跟人的關係」「移動或變化」「有沒有喜歡上誰」「有誰喜歡上妳」。這樣的盤旋語法特別適用於陪伴者有很強烈的直覺猜測時，一方面給出猜測，一方面又帶著對主角的敬意，給出各種其他的可能選項。因為給了其他的可能選項，我們讓猜測盡量靠近「不侵入的同在」。盤旋語法的意思是：用迴旋式的語詞，像是老鷹在空中盤旋的樣子，重複使用不確定的語詞，給出各種選項。這樣的語法在這本書的 Part 6 其中一章「進階解夢手法：迴轉壽司」有更完整的說明，請見第二四三頁。

❷ 解夢之後，小粉紅這樣回顧這一段：「當哈克問我，最近有什麼重要關係有變動時，我閃過跟同事的相處，但那不算重要關係，也沒什麼特別的變化。當時我超緊張的，很擔心想不出來，努力的想是生涯、家庭或人際關係？但又不像是！謝謝哈克不放棄的問我，那有喜歡的人嗎？我才翻出了八月底的記憶。」

## 「掉牙齒的夢」——婚禮即將到來

掉牙齒的夢，古今中外有不同的夢境解釋，而大部分的解釋都偏向不吉的方向。有些解釋會說夢到掉牙齒代表著家族裡有人即將去世，有的解釋說夢到掉牙齒代表了夢的主人的兒子或兄弟有難，中國的周公解夢裡，則提到了「齒自落者父母凶，齒落更生子孫興」，這個說法是少數有兩個方向的解釋的，意思是說，如果牙齒毀損或自己掉落，都屬於不吉的夢；而牙齒如果落了又再生的夢，是屬於吉兆的夢。

台灣的習俗也有類似的說法，對於夢到掉牙齒，也有對應著「會有親人死亡的預兆訊息」這樣的傳說。因為這樣的說法，讓很多人做了掉牙齒的夢之後會挺慌張，因而求助。在實際的解夢現場，我發現，掉牙齒的夢可以代表的含意或透露的訊息，真的很「個人化」。個人化的意思是，一樣是夢到掉牙齒，這個人和另外一個人發現的夢的訊息可以南轅北轍，真的很不一樣。

這個夢的主角，雲朵兒，是一位活力四射的助人工作者。她從二十幾歲還是諮商研究所學生的時候，就興趣十足地跟著我學習潛意識相關的主題，包括隱喻、催眠和解夢。在二〇一一年的一場解夢工作坊裡，她這麼描述前一陣子出現的這個讓她困惑不解的夢：

**第一段夢：皺巴巴的隱形眼鏡**

在夢裡，本來前面清晰的圖像，忽然看不清楚，原本的場景不見了，建築物的線條跟天空的線條融在一起……我很慌張，為什麼我看不見？為什麼原本清晰的圖像看不見了？﹝雲朵兒哽咽……﹞

我開始找原因，噢，可能是我今天戴了我不習慣戴的硬式隱形眼鏡，我很懶惰，所以沒有很乖的清潔它。然後我就想，應該是這個吧！而且，看出去的視野，好像只有左眼看出去的世界，不是兩隻眼睛的世界。我不是很會徒手拔隱形眼鏡，但是在沒有鏡子的情況下，我依然徒手把它拔下來。我覺得我拔下來應該就好了，或者，即便是模糊我也安心。

當我把它拔下來的時候，我看到的是乾掉的眼鏡，皺巴巴的樣子，然後覺得：為什麼那個東西會在我的眼睛裡？我的眼睛會不會因此而受傷？但是……我自己卻不知道我怎麼會讓它在我的眼睛裡面留這麼久？︵雲朵兒流淚……︶我看著它，它其實比平常的軟式的眼鏡還要大，硬硬的，像一塊錢這麼大，但是它是透明的，皺巴巴的。

**第二段夢：牙齒一顆顆掉下來**

夢裡，我在吃東西，不確定在吃什麼，吃著吃著，是在吃著軟軟的東西，可是怎麼會有硬硬的感覺？我咬咬咬，就在臼齒那邊，覺得好像有喀啦喀啦的感覺，我想，怎麼會有碎片在麵包裡？繼續咬咬咬就覺得，不行，我要把它吐出來看看。吐出來的時候，先不是牙齒，是血，口水有濁濁的血，然後再把它吐出來，一整顆牙齒。我的舌頭彷彿可以感覺到那顆牙齒掉下來，然後牙齒就一顆接著一顆掉下來。

這兩段夢，都很精采。兩段夢都帶著挺強烈的情緒在裡頭，這是很典型的「強感夢」。解夢，有強烈的情緒當引線，常常可以解到很精采的發現。我安靜地聽了雲朵兒的夢境，帶著一份想了解的心，說：

「這個夢在妳心裡一陣子了，我猜想有一些難受，有一些不了解……妳剛剛講的這兩段夢境，有好幾個畫面，妳最想看的是哪裡？什麼最吸引妳的目光，說：『來來來，這裡這裡！』」

雲朵兒很肯定的說：「那一整顆牙齒。一整顆好好的，連牙根都掉下來的牙齒。」

我：「好啊，那一整顆好好的連牙根都掉下來的牙齒，來給這顆牙齒三個形容詞。」

「**完整**、**堅硬**、**雪白**。」三個清晰又立體的形容詞從雲朵兒心裡跳出來。

「好，來，接下來，我要邀請妳扮演牙齒。用第一人稱的句型：『我，是完整、堅硬、雪白的牙齒，我……』來，開始……」我選擇用扮演法來深入這條線索。用第一人稱來說話的扮演法❶，常常有機會讓主角更整個人融入夢境細節裡，去碰觸感受、去接收。

雲朵兒充滿期待，很投入地用第一人稱口白的方式扮演著牙齒：

「我是牙齒，**我好好的長在那邊，怎麼會掉下來了呢？**我的夥伴都還在上面，我不要只有一個人在這裡，我想要回去，我想要跟大家在一起……**為什麼只有我掉下來？掉下來是不是代表我不好？掉下來是不是代表大家不要我了**？可是我好好的啊，不是嗎？到底發生了什麼事情？」（隔了十秒後，雲朵兒很明顯地有了一個深呼吸。）

解夢過程裡，出現了帶著身體觸動的深呼吸，一般來說，通常都代表著，解夢的關鍵點已經碰觸到了。換句話來說，深呼吸來了，常常是因為主角對自己、對這個夢，有了一份新的理解，而且是本來沒有想到的。

「這個深呼吸在說什麼？」我專注地停留在這個重要的夢的入口。

「嗯！剛剛連上的是，最近要結婚這件事。覺得結婚，全世界的人都開心，只有我不開心。我覺得我們家好像很開心的要把我丟出去，到一個我不認識的家裡面。」

我自然地也深呼吸了一口氣。唉攸威呀，原來，出嫁前的女子，與娘家情感有這樣隱微又強烈的不捨與不解啊！我在慢慢吐出這口長長的氣之後，帶著對雲朵兒的了解，也根據剛剛聽來的話語訊息，說出一段往下走去的猜測：

「明明我就像一個完整、雪白、堅硬的牙齒，這麼雪白完整好好的好東西，你們為什麼要把我丟出去，是嗎？有生氣嗎？有悲傷嗎？有不解嗎？」

雲朵兒：「有生氣，跟不解。**我明明好好的，為什麼要把我丟出去？**我感受得到他們的開心，但是又要裝得好像這一切就這樣發生也沒有關係。是我要結婚耶，你們在開心什麼啊？」

太好了！關鍵情緒出來了，是生氣與不解。而且，隨著強烈情緒一起出現的，是很重的一句語：「為什麼要把我丟出去？」從這句話裡，我在心裡左思右想著：「嗯嗯，雲朵兒很可能不喜歡家人用開心的方式送走她，那麼，如果不想要家人開心地嫁掉她，她期待家人帶著什麼情緒嫁女兒呢？」

陪伴主角的過程裡，每當我聽到一個「不要」或「不想」時，總是會停在這個地方，想了又想：「不要這個，那，主角想要的，有可能是什麼呢？」

於是，我試圖往下猜測更深一層的內在聲音。我用很慢的速度，對著雲朵兒說：

「如果你們很捨不得，我想我才收得到你們的心意。雲朵兒，修改我的話，把我的話改成妳的話。」

「你們應該很捨不得我吧，可是為什麼又要把我放掉？好像過去的這三十年就是為了要把我養成這樣，然後送給別人。」雲朵兒帶著感覺，這麼說著。

聽到這段帶著哀傷失落的話語，一部分的我心疼著，另一部分的我開始越來越興奮，因為感覺上雲朵兒快要接近這個夢的核心位置了。在夢的對應結構裡，幾乎所有夢到的東西，都可能代表著別的東西，**只有一個東西是夢裡和事實都一樣，就是感覺。一旦有明顯或強烈的情緒被接近了，夢的大門，就快要打開了呢！**於是，我把這份主角接觸到的內在情緒，和她的夢境做進一步的連結：

「牙齒離開身體，就好像到了另外一個世界，新的依靠還沒有來臨，舊的依靠已經消失，那會是多麼慌亂的世界呀，是這樣嗎？用妳的話說。」

「我覺得我可以不要有依靠，但是，我找不到**位置**。**嗯，我找不到一個開心接受這件事情的位置，或者是在這個家的位置。**」

聽到雲朵兒的這一聲「**嗯**」，我心裡出現很大聲的「Bingo!」。除了哀傷失落的情緒，關鍵字「位置」也出現了。

剛剛這段，我說出心裡的猜想，可能因為我和雲朵兒長期的信任關係，讓她可以很直接地糾正我。她清楚的說，不是依靠，而是「找不到位置」。接下來，主角出現一個很關鍵的**「嗯」**。這個「嗯」，說的是主角已經開始進入自問自答的好狀態，自問自答地確認了是**位置**，而不是依靠，**像是意識和潛意識做了一個 double check，意識和潛意識一起點點頭，同意了這個新的理解，所以有了這一聲「嗯」**。因為有了這個主角內在的重要討論與確認答案，於是開啟了新的深化（deepening）的可能。

我：「這個家，指的是新的家嗎？還是舊的家？」

她：「都有。」

關於掉牙齒的這段夢，一塊又一塊拼圖在問答與感受之間逐漸拼接著，越來越接近完整了。我繼續好奇下去，邀請雲朵兒再一次回到夢裡，我說：

「有些時候，夢不只給我們一個 report（報告書），一個 comment（意見），有些時候它給我們 new direction（新方向），有些時候會有新的訊號。我們回到那個……隱形眼鏡的夢好不好？帶著剛剛的這個新的理解回來看這個夢，告訴我，妳了解了什麼，懂了什麼？我知道妳夠聰明，妳連得起來的。」

二十秒的靜默思考……雲朵兒開口說：「就想要把隱形眼鏡丟掉。我可以丟掉的，我是有權力，丟掉那個壞掉的隱形眼鏡。」

丟掉，可以丟掉，有權力丟掉。這裡出現了清晰的行動方向，我猜雲朵兒的內在已經幾乎懂了夢在說些什麼，於是趕緊補上一句連結聯想的問句：「隱形眼鏡讓妳想到什麼？」

兩次的深呼吸，長長的吐氣之後，雲朵兒說：「看事情的……框框，目的在幫助我把事情看清楚。」

我接著問：「那個舊框框是什麼？」

一個短短的靜默之後，雲朵兒有了答案：「就我想當個小女孩，在自己的家很安穩的當一個小女孩就好。」

喔～原來是可以丟掉那個原來看事情的舊框框！兩段夢，突然之間連了起來。第一段皺巴巴的隱形眼鏡和第二段掉牙齒的夢，在被陪伴的時光裡，連了起來，進來了對於生命處境的新理解。

解夢真的挺像是在拼拼圖，一旦確定了一塊，其他可能會跟著清楚了起來。我們內在很多的部分，以不同的樣貌在夢裡出現與演出，在這裡，潛意識很聰明地把看事情的框框，在夢境裡用皺巴巴的隱形眼鏡來呈現；潛意識充滿創意地，用牙齒的「掉下來」，訴說著新的人生階段裡遍尋不著位置。

夢，越打越開了。我繼續好奇下去：「多說一點，讓我們可以多了解妳一些，好嗎？」

雲朵兒：「我不想要長大！我不想要變成一個好媳婦！我不想要叫兩個不認識的人爸媽！」

唉攸威呀！不想叫兩個不認識的人爸媽，這句話真的是不太能夠說得出來！同時，這句話說不定是很多女生出嫁前的心聲呢。**夢境，這麼活跳跳地，說著原本說不出口的心底的話。**

我看著眼前這個年輕的生命，用心地把我心裡頭連上了的訊息說出來：

「皺掉的、乾掉的隱形眼鏡，已經戴著很久了，但是這個硬了的眼鏡怎麼好像在生命的這個時刻影響了視線，建築物跟……天空的……線條模糊了，曾經幫我看清楚這個世界的好東西，曾經陪著我看待這麼多重要事情的好管道，它乾掉了，皺掉了。」

雲朵兒：「不管用了。」

這個時刻，發生了一個很湊巧的小插曲。在雲朵兒說出「不管用了」這句話之後，空氣中突然傳來一個小女孩的聲音：「等一下～等一下～」原來是隔著一條巷子的對面，有戶住家的五歲小妹妹突然大聲的喊著：「等一下～」雲朵兒一聽就笑了。這個超級湊巧的外面的聲音，更把雲朵兒心裡的聲音給說出來了。

我心裡想，太好了，那就來說一個「等一下」的故事給雲朵兒聽。於是，我選好了一首歌，把CD放進音響裡，說：

「呵呵，小妹妹說『等一下』。等一下，不要那麼快把我丟掉。從『心裡知道不管用了』，到『把它放下來，然後擁有新東西』之間，常常是一段路程。放一首歌，講一個故事給妳聽好嗎？」（常常參加我工作坊的雲朵兒，看我放CD進音響的動作，知道我的隱喻故事配音樂已經要上菜了。我看她早就已經閉上眼睛，準備要享用了。）

「……小妹妹呀，要出嫁了，就來聽這首歌。好多人在說完自己的故事之後，聽這首歌配著哈克的故事長大呢，曾聽過的幾個主角，後來都有很有意思的人生喔！出嫁前夕，聽這首歌，聽個好故事，像是一個長大的儀式……」

空氣裡開始有了音樂與歌聲，後面的括弧裡是 *It's a long journey* 的歌詞，我配著音樂說故事……

（It's a long long journey... Till I know where I'm supposed to be... It's a long long journey... And I don't know if I can believe... When shadows fall and block my eyes... I am lost and know that I must hide...）

「……其實有些時候，只是，想要再一次被完整的擁抱而已，因為就是那麼還想要當個小女孩，因為當小女孩的時候，因為自己夠小，所以那個擁抱才會夠大。所以，其實有些時候，只是那麼的想念那一個那麼完整的擁抱而已。所以小女孩說等一下，小女孩真的在說等一下，對，等一下，咱們就真的等一下。」

（It's a long long journey... Till I find my way home to you... Many days I've spent... Drifting on through empty shores... Wondering what's my purpose... Wondering how to make me strong... I know I will falter... I know I will cry... I know you'll be standing by my side... It's a long long journey... And I need to be close to you... Sometimes it feels no one understands...）

「誰說我不會飛翔，誰說我沒有翅膀，只是我真的要那個等一下。有了等一下，才有了真的想念、懷念。」

（I don't even know why... I do the things I do... When pride builds me up till I can't see my soul... Will you break down these walls and pull me through... Cause it's a long

long journey... Till I feel that I am worth the price...）

「小女孩呀會撒嬌，長大的女人哪，可以風情萬種。偏偏哪，堅持只當個會撒嬌的小女生，風情萬種有時候會躲起來；而，只有風情萬種，好像卻又少了點什麼。所以呀，如果硬是把自己拔起來、拔大了，少掉了撒嬌的小女孩，說不定也可惜了。如果啊，可以風情萬種，也可以像個小貓一樣撒嬌的小女孩，都．好．珍．貴。

「來，閉著眼睛，左手掌心朝上，右手掌心朝上。一個是小女孩，一個可愛祈求完整擁抱的小女孩；一個是可以承擔，可以飛翔，可以完整，那個花了好多力氣才找出來的、有力量的自己。讓她們都是自己，都歡迎她們，都好好的在；讓她們移動，讓她們在心裡頭找一個很好的位置，她們都在……她們都在……對，她們都在。

「真正的飛翔，說不定，是兩個都在的飛翔；真正的天空，說不定，是兩個都在的天空……（雲朵兒來了一個很大的深呼吸。）對，真好，來，再做一個深呼吸，非常好，那個深呼吸是有力量的。對，找到它的位置，很好，知道它在那裡，知道它在那裡，但是不被它占據，於是，自由就來了。

「（雲朵兒流下一串眼淚。）現在的眼淚好像是新的囉！真好，有一波新的感受來到。當我們同時擁有了小的自己跟大的自己，我們就不那麼只活在抱怨裡，我們就更自由了。

「最美麗的事情，發生在長大以後的我們，擁有足夠大的懷抱，擁抱那個小小的我們。於是孤單還在，不解還在，但是不怕。因為我在，因為我在。那個很小很小但是很堅定的聲音說：『我在。』即使來自於心很深很深的位置，很小很小聲，它卻可以讓我們很安靜……我在。」

那天，一個多小時的陪伴解夢，就在音樂與故事裡安靜的收尾了。

三十出頭的年紀，出嫁前的複雜心情，這樣精巧細緻地化為掉牙齒的夢境。離家、成家、想維持連結、想獨立又想被疼愛，這種種的變化與渴望，都正在如火如荼的發生著。於是，當我們可以安靜又安心的被陪伴，解開這樣生命關鍵時刻的夢，會因為更懂了，而更靠近了自己，像是發現了自己心裡擁有了一個伴，這個伴的名字叫作潛意識。

當這些「想維持連結、想獨立又想被疼愛」都被聽見了，這些「想」，都被並存地放進心裡，於是，沒有什麼被推開，沒有什麼被丟掉；於是，又離「完整」更近一點點了。夢所透露的訊息，常常像雲朵兒解夢的歷程一樣，一點點一些些跑出來，然後，整個東西逐漸清晰完整。同時，因為透過夢而讀懂另一個部分的自己，讓自己有機會在關鍵時刻有了覺察，進而擁有新行動與新方向。

潛意識的世界裡，當你有了新發現，當你動了內在的一小塊，這時候，整大塊的內在世界，都需要重新組合成形，而這是需要力氣與時間的。因為這樣，我說了那個「等一下」的故事，想要給雲朵兒多一點時間，來準備好自己，走向人生的下一站。人生的挑戰時刻到來時，有時候我們需要的，好像不是做決定，而是多給自己一段準備的時間與空間。

## 後續發展

解完夢的兩星期後，收到雲朵兒寄來的電子郵件，信裡這樣寫著：

……解了這個夢之後，我感覺到關於結婚這件事情，在我的生命中，就像是一個老火車頭要**緩緩啟動**的感覺。火車頭因為有了煤炭燃燒的能量，於是可以拉著長長的火車往前，一節一節車廂的輪子因為火車頭的帶動，而開始依依阿阿的發出關節轉動的聲音。火車還沒有真的開始跑，比較像是在暖身的感覺。而現實生活中，我開始算喜餅的盒數……

❶「扮演法」這個解夢的關鍵手法，會在這本書 Part 4 的第一七七到一八二頁有更詳盡的說明和舉例。和「三個形容詞」比起來，「扮演法」是比較強力的解夢連結方法。

## 「猛鬼敲門的夢」——結婚之後

愛情三夢，從首部曲的「準備好進入親密關係，乘著愛的小火箭」，到二部曲的「找到出嫁前的位置，掉牙齒與摘下隱形眼鏡」，現在來到了三部曲「婚禮之後，猛鬼敲門叫我出來」。

三部曲，正好發生在三位夢的主人的生命三階段。新階段，就有新挑戰，如果要主動且有創意的迎接生命新季節來臨，其中一個方法就是透過記夢、解夢，來讀懂潛意識透過夢境想傳遞的珍貴訊息。因為新挑戰來臨，本來習慣的回應方式常常不夠用、不堪用，或不適用，所以，透過夢境訊息的傾聽，我們很有機會擁有新的線索，拉出新的視線，找出新的角度，呼喚新的資源組合❶。

「猛鬼敲門的夢」的主角叫小兔，小兔是個新嫁娘，剛離開單身自由歲月不久的她，在結婚之後，生下第一胎之前，不知道為什麼，來了這個很刺激的夢。

我認識小兔很多年了，有一種看著她長大的感覺，她的內在隱喻畫面豐富又活潑，常常說出讓我驚豔的畫面來。像小兔這樣潛意識活躍的特質，運作順暢時，實在是精采迷人，同時，有時候潛意識訊息來得又猛又急，承受起來挺不容易的。

那天，陪伴解夢是這樣展開的……

我：「等一下解夢的時候，妳……希望我的什麼，多一點，然後……我的什麼少一點，如果有要少一點的東西。」

小兔：「厚實，厚實多一點，愛剛剛好就好，不要太多，不用太多……」

小兔這段話語，是聲音顫抖著、哽咽著說的。我聽到這麼來自心底的請求，深呼吸自動上來，然後，把我坐的位置往後挪了十五公分。既然愛剛剛好就好，那就挪出一個新的距離來，回應主角的盼望，然後說：「好。厚實多一點，愛不用太多，剛剛好就好。好。沒問題……想問問妳剛剛哽咽時，觸動的是什麼？」

小兔：「小兔子要自己走。」

我：「小兔子要自己走，喔～愛太多會……？」

小兔：「就……就溺著不走了，因為太舒服了。」

我：「好，我們來解夢。來，閉上眼睛再說一次夢，身歷其境，盡可能的把所有的細節都說出來，預備……開始！」

小兔：「……我在玻璃隔板的房間裡……接近透明但不是透明的玻璃，外面風很大，快把玻璃門吹開了……有鬼在外面，頭髮很亂、頭很大！黑黑的、很凶很粗魯、講話很大聲。它一直想要進來，我很害怕。然後我就開始唸……那種類似六字箴言『唵嘛呢唄咩吽』，反正很緊張的時候會唸。然後保護的光太弱了，太弱了，就是要闖進來……玻璃跟光都擋住鬼，可是太弱了，就是……鬼就是、鬼就是……我忘記它是……是怎麼進來的，反正它一進來就說：『妳會的那些都沒有用。』」

﹝小兔哭著說。﹞

我：「本來妳會的那些都沒有用了，像是一種極度的恐懼，或是一種極度的沒有希望，還是一種極度的不安，是什麼？用妳的話說。」

小兔：「是害怕，感覺好恐怖喔，沒辦法保護我自己了。」

因為陪伴者和主角的關係親近又安全，強烈的情緒很快就浮現了。有意思的是，即使情緒如此清晰，主角對於這個夢裡面的各個細節所代表的含意，卻幾乎完全沒有線索與聯想，這也是夢境探索的歷程裡，很吸引人的所在。既然沒有線索，那就來慢慢摸索囉！

小兔手繪：「關在玻璃屋內的小兔，瑟縮在一角」

我：「來，整個夢，妳最好奇哪裡？」

小兔：「最好奇……最好奇……最好奇『鬼』」。

我：「嗯、嗯，最好奇鬼的什麼？」

小兔：「鬼怎麼那麼凶？」

我：「好，我也很想帶妳去扮演那個鬼，可是啊，還沒有，那個最後再來做，我們先來扮演那個光好不好？〔小兔：嗯，好。〕來，光，用第一人稱口白說：『我是光……』」

小兔：「我是光，我是光，我會保護妳，我會保護妳，相信我，嗯。」

我：「OK，我是光，我會保護

妳，相信我。這個聲音我猜滿重要的喔！再來扮演那個……玻璃，還是門，妳要扮演哪一個？」

小兔：「玻璃。」

我：「玻璃，好，一樣用第一人稱口白，玻璃……」

小兔：「講我是玻璃很奇怪……」

我：「啊，嗯……那，說我是玻璃牆，好不好？」

小兔：「喔，玻璃牆，好……我是玻璃牆，我會保護妳，妳可以看見，但不受影響。」

我：「有接收到什麼嗎？」〔我因為看見小兔的神情有點變化，所以這樣問。〕

小兔：「原本覺得夢中的玻璃牆厚度薄薄的，可是剛剛它變厚、變得比較穩固。」

我：「變得比較穩固，好，太好了，變厚、變穩固了。**妳的潛意識可能在做準備，準備讓我們去扮演那個鬼**。好，來，扮演夢裡的鬼。」

小兔慢慢站起來，開始扮演夢裡的鬼：「頭髮很亂，黑黑的，正在敲……」〔小兔大口吐氣，右手使勁的敲，一邊哭著，一邊使勁用力的敲著，大約敲了三十秒之後，大聲的說︼：「**出來！**」

我：「……從剛剛這個聲音的口氣聽起來，**它不是要害妳**，聽起來好像它是要逼出、呼喊出妳的什麼，是嗎？那就更值得扮演啦。來，試試看這樣說：『我要妳的什麼出來，我這麼凶，只是想要逼妳……』來，說，把我的話換成妳的話，我說不好的地方，妳就把它換成妳的話來說，來：『這麼用力、這麼凶，是要……』」

小兔一直哭，似乎說不出話來。

我：「**來，我在，不怕，來。**︷小兔這時候有一個長達半分鐘的深呼吸，像是在做準備似的。︸小兔，**我有預感妳過了這一關，當媽媽就會當得很好，來。**」

小兔：「哈克，**你可以再說一下你剛剛說的那一段嗎？就是我沒有要害妳**的那一段。」❷

我：「喔，好好好，這樣好了，我當妳的double，當妳的替身，然後我說一段，妳就說一段，妳把我的話改成……鬼要說的話，那個大頭、黑黑的要說的話。」

我站起來，站到小兔的身後，右手搭在小兔的右肩上，像是心理劇裡的替身的作法一樣，然後說：「好，來。**出來，我不是要害妳……出來！**」

小兔：「出來！︷小兔用很大的力道說，說完喘了好幾口氣，接下來聲音變得柔和，有請求的感覺。）我沒有要害妳，妳該出來了。妳該出來了……（哈克：本來的東西都不管用了。）本來的東西都不管用了！該出來了，妳該出來了……就是現在……妳該出來了……妳該出來了……不用害怕，妳該出來了。（哈克深呼吸，長長的吐氣，小兔這時出現一長串的眼淚，近乎大哭。）（哈克：現在不是躲起來的時候。）現在不是躲起來的時候……（哈克：現在是踏出重要的那一步的時候了。）現在是踏出重要的那一步的時候了……（哈克：我對你凶，是我要妳有力量的走下去。）我對妳那麼凶，是我希望妳有力量走下去。」

我：「妳的手一直都懸在空中，這隻手在說什麼？」

小兔：「可能是幫她加油吧！」

我：「喔，幫她加油。加油！加油！加油！這樣子，好棒喔～妳已經知道是要什麼東西出來了嗎？有靈感嗎？」

小兔微笑，很有感覺的說著：「**用點腦子過生活**。」

我：「用點腦子過生活喔。啊～我懂了啦，妳前半輩子靠……直覺、可愛、單純啊，就過得很好，可是生命走到這裡，需要加一點新東西，是這樣嗎？」

小兔笑著說：「是！」

如果讀著這本書的您，當時也一起在現場，就會知道，小兔的這個微笑有多好看呢！

我：「妳平常話很少，**我要妳現在真的用點腦子，說一段話，說給那個黑臉亂髮聽，讓它知道妳聽到了，它才不會亂敲門**。說一段話差不多一分鐘，好不好？」

小兔大約經過了三十秒的內在醞釀之後說：「我會把眼光，不要只停留在眼前的草地上，我要推開柵欄的門，走到街上去，看村莊裡的人是怎麼在生活著，怎麼賺錢，怎麼比價，怎麼討價還價。生活不會只有開開心心……要去接近苦，不能只有……喜歡。要去學會聽懂人家在說什麼，要去知道自己每個月花了多少錢，然後要存多少錢。」

我：「來，我再幫妳多講一點，妳把它換成妳要講的話，好嗎？」

小兔：「好。」

我：「我會多用點腦子生活，同時我仍然保有我對人很單純的喜歡。」❸

小兔：「我會學著用腦子過生活，而同時，能保有我對人的喜歡，跟**善良**。」

我：「我的善良是很美好的，我會繼續保有它。即使我在學習討價還價、比價、省錢、存錢，我，依然是善良的，我會好好的保有它。」

小兔：「我的善良是很美好的，我會繼續保有它。即使我在學習討價還價、比價、省錢、存錢、**理財**，我依然是善良的，我會好好的保有它。」

我：「也會找到欣賞我善良的人，在我身邊。」

小兔：「我會找到**懂得欣賞我善良**的人，在我身邊。」

我：「在這一段說了話之後，那個黑頭的黑臉的，它有沒有聽？它聽到表情有沒有變？」

小兔：「嗯！它變成一個有智慧的老人，智慧的老者。它聽了我的話之後，還偷笑一下，就說……賀拉賀拉，賀拉賀拉（閩南語的「好啦好啦」），沒有凶凶的。」

夢解到這裡，小兔自己覺得，大約解開了九成。夢能這樣打開到九成，很不容易，而且還找到了一個很實際的新方向：用點腦子過生活。真是太好了！

生命的春夏秋冬季節交替，結婚之後、即將迎接第一個孩子到來之前，潛意識這麼大方又這麼大聲的，用一個表面上看起來很恐怖、讓人害怕的「猛鬼」來敲門！這樣的咚咚咚咚的敲門聲，在夢境打開被理解了之後，真的像是一串串叮咚叮咚的聲聲呼喚啊！呼喚著原本單純就很美好的新嫁娘，心裡頭那些原本就在、但是一直存在櫃子裡的好東西，拿出來，走出去，讓資源擁有新的組合，有創意的迎接新階段的到來。

## 後續發展

小兔在解夢之後，在兩封信裡，這樣分享著自己的心路歷程。（小兔注記說，她的話語裡，㊣這個記號，就是她很有感覺的點，表示很關鍵的意思。）

第一封信：

順著哈克的帶領，走到鬼的位置，用力敲打著有點厚度的玻璃牆。敲著敲著，淚流滿面，而在哈克說，它好像沒有要害妳的意思㊣，在賣力敲打的時刻，小兔收到一種「漫長等待」的感覺，還有「漫長等待」的辛苦與委屈，然後講出「出來」的懇求。

㊣說著該出來了，可以出來了……的同時，內在的運作有二個部分：

一、聽到「出來」的語調，有點嚇到，這聲音的年齡好小。

二、順著哈克的 double 替身作法，感覺就已經連上了門內與門外。

其實，忘了是怎麼走到「用點腦子過生活」的，最後哈克邀請小兔跟外面的它說話，我的內在畫面是這樣的㊣：

小兔習慣的安全小房子、乾淨小草地跟柵欄。

推開柵欄，走向大街。

大街上有各式各樣的動物在忙碌著，做生意，買東西。小兔看見各種琳瑯滿目的商品，同時也要忍受有些地方潮濕積水，會把腳弄髒，也會有些不好聞的味道。小兔告訴自己，要學著比價、殺價、討價還價、精打細算。

……不知道什麼時候出現的，一條圍裙，圍在兔兔的腰上，變成了兔媽媽。圍裙可以擦手，可以抹油，可以保護到最珍惜的肚子上的白毛。

第二封信：

回到家後，「該長出新東西」的聲音不時出現！上網時，原本只去結婚、購物、寵物、媽媽版，增加了「全方位理財版」！開始想了解我銀行的優存利率、會跟先生問他的閒錢規畫，然後，有時候會浮現那個微微點頭、**偷笑的智慧老人**。

小兔子的房子，本來有個旋轉門把，門把上的色環轉換一下，就可以在自己、家人和助人的三個房間轉換自如，但是沒有與現實生活的連結，仍一貫地呈現小兔原本熟悉常見的安靜與大空間。

而現在，新連接上了市集街道這個新的門把指向的色環，有了生活著地的現實感，充滿新鮮。

鬼的形象，在解夢之後的聊天裡，跳出了新的「小姊姊」的命名。小姊姊溫柔而堅定的帶我長大，也許，成為一個好媽媽㊣㊣㊣。

謝謝哈克哥哥，看見夢境裡的鬼竟然給了我新的資源提醒，讓我對夢中的恐怖東西有了新的眼界，也對當媽媽的準備，安心多一些。以前做惡夢都會怕得要死~可是你的那句「**也許它沒有要害妳**」，有一種瞬間解構的感覺。好像~被追殺到一半~停了下來……跟殺手喝茶一樣，好新鮮好有趣喔！

從讓人驚嚇的惡夢，竟然可以在陪伴解夢之後，這樣聽見了智慧的聲音！真

小兔手繪：「擁有草地與關閉自如的柵欄，兔兔變大隻，可以開關門出入市集」

好，真好，真好。

就這樣，聽見了新的聲音，同時，呼喚來的新資源，悄悄的到位了。於是，如果不巧在新的季節裡，刮起風下起了雨，因為心裡手上已經準備了屬於自己的新的資源組合，慌張，會少很多，眼睛，會亮很多。

❶ 新的資源組合的意思是，有不少資源，是我們本來就已經有的，只是當我們把它們重新配對組合，常常能夠因應新挑戰的到來。例如，主角原本就已經有了聰明、好奇、用心、幽默、貼心溫暖的資源，這幾個資源一旦配對重組，常常有了新的力道，像是：「帶著幽默感的好奇」「帶著貼心溫暖的用心」。

❷這一段，主角說：「哈克，你可以再說一下你剛剛說的那一段嗎？就是我沒有要害妳的那一段。」這樣的主動邀請，是很清晰的主角牽著陪伴者的手，要去開啟關鍵的門把了！如果讀者記得，小粉紅的愛的小火箭的夢裡，也出現很類似的對話情節——小粉紅眼眶紅著，哽咽的說：「剛剛哈克你說，在人生重要的階段就有一種什麼，就你剛剛講那段話的時候，讓我想哭……」這兩個夢，都出現這樣幾乎一模一樣的對話情節。主角從陪伴者說的不短的話語裡，自己聚焦了特別有感覺的地方：「在人生重要的階段……」「再說一下你剛剛說的我沒有要害妳的那一段。」這個主角特別有感覺而想要停留下來的地方，常常就是整個陪伴解夢過程裡的**五星級最佳聚焦點**。既然主角都牽起我的手要去開這道關鍵的門了，我當然要將能量瞬間聚集起來，盡全力的陪進去！

❸這是我很喜歡的概念，叫作「加上去」。單純就已經很美好，只是這個生命階段，如果把什麼好東西「加上去」，會更順暢。同時，保有原來自己喜愛自己的本質，是珍貴的。

Part 3
一步一步遇見
夢的寶藏

四十歲以前，在大學的通識中心教書，學生們挺喜歡我講到潛意識的主題，特別是催眠和解夢。常常學期剛開始第一堂課，發下那個學期Ａ４紙張大小的課程大綱，就會看到學生帶著一絲興奮的竊竊私語：「催眠ㄟ！」「解夢耶！我有很怪的夢ㄟ，太好了。」

最印象深刻的，是講到解夢的時候，我總是讓學生自由的到黑板上，寫下他們對於夢的種種好奇與疑問。幾乎沒有意外的，每次我這麼做時，整個黑板會被密密麻麻地寫到全滿，上頭出現的各式各樣疑問，不下兩百條。

呵呵，我很喜歡在講台下，看著黑板那裡十幾個同學奮力的用小小的字，在有限的黑板空間裡，寫下他們真心想求知的那一顆一顆心。那些對於夢的好奇和疑問，我一直都記得。黑板上寫著：

「常常夢到被狗追、被鬼追、被噴火恐龍追，是什麼意思啊？」

「夢到親人死掉了，好擔心，人家都說夢有預知功能，真的嗎？」

「夢境和現實，真的是相反嗎？」

「黑白和彩色的夢有什麼不同嗎？」

「我接二連三的夢到我的舊情人，這代表什麼啊？」

「每個夢都有意義嗎？」

「為什麼我一直夢到重複的夢？重複的夢如果解開了，還會再做嗎？」

一個一個問題，都是對於潛意識與夢的好奇。還記得在大學部的課堂上，我常常很珍惜的用兩堂課的時間，慢慢回答整個黑板上頭的真心提問。接下來的這一章，就先來說說幾個最常被問到的。

# 關於夢，最常被問到的五個問題

## 問題1：「每個夢都有意義嗎？什麼夢值得解？童年的夢重要嗎？」

的確有少數的夢境，是沒有明顯意義的，這些夢的發生，只是因為睡眠時的夢境正好反映了當時的身體知覺，而沒有潛意識訊息的傳達。這樣的夢的例子像是：因為睡覺時很想尿尿卻憋著，而做了找不到廁所的夢；或者像是睡覺時左手被右腳壓住而麻掉，因而做了左手被大石頭砸中，動彈不得的夢。

除了上面這種反應睡夢中身體知覺的夢以外，大部分的夢都很值得解、很值得探索。一般來說，只要是**印象深刻**、**情緒飽滿**的夢，常常就是重要的、值得探索的夢。二十多年與夢境智慧學習的歲月裡，我發現有四種夢最值得解：

(1) **小怪夢**：這種夢的畫面組成超現實、情節詭異，夢醒時會有一種心情叫作：「厚！怎麼會做這種怪夢！」前頭說到的夫人找肉鬆的夢、邱大哥的哆啦A夢的夢、小蔡的考試煎牛排的夢，都是屬於小怪夢。

(2) **強感夢**：這種夢的夢境畫面與情節都挺平常，但是夢裡有強烈的感覺，甚至夢醒之後，會覺得後勁很強。像是瑰曲的收不完的雜物的夢、小蔡的一九六九年冬的夢，都是偏向強感夢。

(3) **重複夢境**：這種夢，是在生命的不同階段、不同時間點，出現了不只一次同樣的夢境。

(4) **童年夢境**：這種夢是在年紀小的時候做過一次，卻一直忘不掉，一直到長大以後都還會想起來。

這四種夢，最有趣的是「小怪夢」，這種夢的夢境情節與夢中的角色畫面，和現實生活有很大的差距，因而有很大的好奇張力在裡頭，非常適合和好朋友一起陪伴探索解夢。而「強感夢」的內容不一定怪異奇特，但情緒後勁很強，常會在夢醒後的生活裡，不自主的又想起這個夢，而且似乎歷歷在目，覺得情緒都還留存在身體裡沒有離去，甚至有念念不忘的感覺。

四種夢裡，解開夢的難度較高的，是「重複夢境」與「童年夢境」這兩種夢，因為這樣的夢所伴隨連結的相關生命事件的根源最深，而且情緒的震撼度最強。重複夢境與童年夢境需要在非常安全的身心環境裡，比較有機會被安穩的打開、陪伴，甚至有機會帶那曾經被遺落的自己回家❶。

## 問題２：「人每天都有夢嗎？」「晚上睡覺做太多夢，好累喔！」

在正常的晚間睡眠裡，每個人幾乎都會做夢，平均來說一個晚上大約會有三到五個夢。晚上因為做太多夢而覺得沒有睡飽，是很多人的真實經驗，特別是夢到被追趕而一直奔跑或身體緊縮著躲藏，這樣有壓迫性情節的夢，真的會因為夢到奔跑而身體真的用力，夢到縮著躲在衣櫃裡而身體真的緊繃縮起，因而在睡醒之後覺得身體好累好累。

另一個讓人覺得做夢很多而沒睡飽的原因，是因為淺睡。夢剛好發生在淺睡

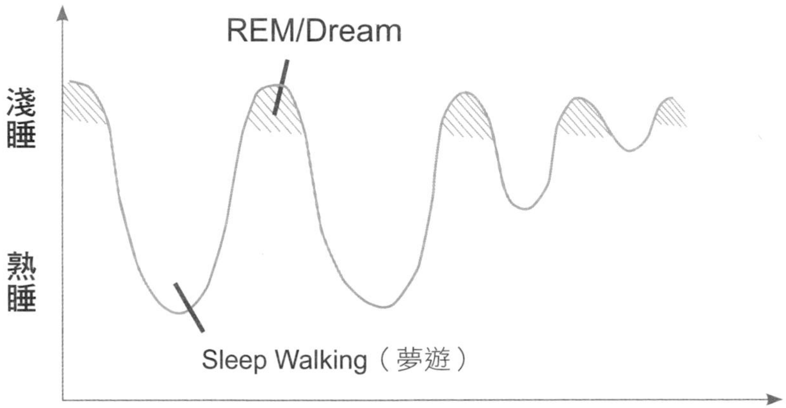


期，而淺睡期常常伴隨眼球的快速轉動，就是比較常聽到的 REM（Rapid Eye Movement）現象。如果睡眠週期裡因為各種原因，沒有出現深睡期，只有淺睡期，那的確會覺得沒有睡飽。只是，**主要不是因為做夢而沒有睡飽，而是因為沒有進入深睡期，所以沒有飽足的睡眠休息感**。話說回來，想像一下，如果整個夜裡，都夢到在沙灘度假，喝冰涼可口的飲料，看著藍藍的大海，那醒來時通常會很舒服！

## 問題 3：「夢的預言是真的還是假的？」「夢到朋友車禍，會不會後來就真的發生

了呢？」

只有很少數很少數擁有特殊體質的人，做的夢帶有預知性。大部分的人做的類似預知夢的那種夢，大多屬於「擔心的夢」，最常見的是夢到認識的人發生意外，或是夢到家人死掉了。這時候，夢的主人會好擔心，特別是又想起好像聽別人說過夢有預知的功能。

在我陪伴夢的經驗裡，這樣的夢，通常是極度擔憂的夢，可能是擔憂夢見的那個人的健康狀況，**更常見的，是即使夢到了別人，心裡頭真正擔心的是自己的健康**，包括身體的健康與心理的健康。也就是說，通常這樣的夢，**透露的不是預知，而是提醒**。潛意識有些時候會比意識更早也更敏感的發現身體的不對勁，因而提醒著夢的主人，說不定需要注意一下親友的身心狀況，或者自己的健康情形。如果夢的訊號又急又強，必要時做個身體檢查會讓自己安心很多。

## 問題 4：「夢是可以控制的嗎？」

夢，是通往潛意識智慧的探尋之路，所以，想要拿來控制，實在是可惜了。就好像如果你有一個智慧發光的好朋友，你真的不會動了念頭要去控制這個好朋友，而是會想辦法好好親近這個好朋友，想辦法找更多的時間在一起，一起泡茶說話，一起登山攀高，一起潛水泡湯，一起共度人生。

控制夢太可惜，但是，我們可以和夢對話。睡前，如果有人生的疑問、選擇的十字路口，是可以孵夢的。可以在睡前跟潛意識這樣說說話：「親愛的潛意識，我最近有一些煩惱，可不可以請你幫忙，給我一個夢，給我一些指示或提醒，關於……（例如，先讀研究所還是先當兵？買房子要買哪一種的比較好？）」

忘了是哪一位有智慧的老師，用了一個傳神極了的隱喻來形容潛意識：「**如果你是戰士，那麼潛意識是你的戰馬。如果你要上戰場，最好跟你的馬有很好的連結。**」如果，潛意識是戰馬，那麼，懂這匹馬、觸摸這匹馬、為這匹馬清洗塵埃，就成了迎向世界、豐富精采的關鍵行動了。

所以啊，睡前跟潛意識說說話，在心裡和潛意識手牽手，讓我們開始了一個生命的新位置，讓潛意識真的成為和我們並肩作戰的好朋友。說不定有一天，潛意識就成了無可取代、又不會背棄自己的靠山。

## 問題5：「我該如何記住我的夢？」

有些人很自然的就能清晰地記得自己的夢，但是有些人常常不記得做過的夢，早上醒來總是模模糊糊的覺得有做夢，可是努力回想夢的細節，卻想不出來。如果是屬於後者不容易記住夢的朋友，可以做兩件表面上聽起來挺好笑的事，但是其實挺有效的。第一件事情，是上床睡覺時穿上班時的衣服入睡，或者睡在木頭地板上，因為這樣比較容易淺睡，而淺睡時比較容易記得夢的細節；第二件事情是可以設鬧鐘在睡眠當中叫醒自己，或者也可以在睡前喝很多水，讓自己半夜會醒來，如果醒來時發現剛剛好像有做夢，要在趕去廁所放水前趕緊寫下夢境細節，要不然，有時候會發現一尿完，夢也跟著被沖走了。

除了淺睡的方法以外，更完整而長久的作法，是把偶爾記得的一兩個夢記錄下來。**記錄夢境，是展現對夢、對潛意識的一份歡迎與善意**，即使只是少少的記下「好像有做一個夢」這幾個字，也很好。夢來了，不一定解得開，但是可以注意它、尊敬它。更重要的，是歡迎它、享受它、喜歡它的創意。這麼一來，下一個夢常常會更清晰、更容易靠近。

影響我解夢工作很深的諮商學者尤金．甘德林是這麼說的：

假設朋友寄給你一封信，你打開了信，看了，可是看不懂，於是你把信帶在身上，有空就試著讀讀看。如果你這樣看待朋友的這封信，當你遇見朋友的時候，朋友問你，ㄟ，你有收到我的信嗎？你回答說，有！有！我看不懂，可是你看，我帶在身上，有空就讀讀看。如果是這樣，你猜，這個朋友願不願意寫第二封信給你？通常答案都是會的。

另一種情形是：朋友寄給你一封信，你沒有把信打開，一忙，就忘了有這封信。朋友知道你沒有看信，下回，大概就不會寫信給你了。

**潛意識發了一個夢，就像朋友寫了一封信給我們一樣**。我們不一定能讀懂，但是願意記錄下來，願意讀讀看，願意珍惜。如此一來，潛意識就很有可能把我們當好朋友，在接下來的時光裡，透過夢，說更清楚或更生動的話語給我們聽。

再多說一點關於記夢。夢，常常不是沒有做，而是被藏起來，所以才會不記得了。當我們越歡迎潛意識，讓潛意識越放心的時候，夢就更有機會被我們記得。我真的覺得，表達歡迎的最佳方法，就是開始記夢。

記夢的第一步，是**睡前在枕邊準備好筆記本，還有一枝寫起來挺順手的筆**。接下來，如果睡到一半或清晨醒來時發現自己好像有做夢，就拿起筆把夢記下來。記夢的時候，建議**把一頁空白頁分成兩部分，一部分拿來用畫的，一部分拿來用寫的**，也就是使用文字來記錄夢境；換句話說，有圖又有文字，夢的記錄會最完整。如果自己的夢常常會出現明顯的顏色，那就多準備一盒色鉛筆。一個夢境如果有了一個或兩個顏色塗上去，那夢的含意常常就呼之欲出了！

記夢的時候，把夢裡的關鍵畫面畫下來是非常重要的，而文字或對話，只要寫下關鍵字就可以了。以下頭這個我女兒的夢的記錄為例，七歲的黃阿赧小妹妹在把拔出國時，記下了這個夢。女兒記錄下她心裡的畫面，她想念把拔，想念到掉著眼淚，夢到把拔拉著行李箱回來。簡單的畫面與文字，這樣的記夢就完成了。

❶ 重複夢境、童年夢境的例子，還有透過解夢帶遺落的自己回心裡的家，在二〇一六年即將出版的《經典解夢實錄》裡，有更完整的故事與解說。

我好想爸爸
conigiwa

# 解夢，從這裡開始

## 陪伴解夢前的準備

要靠近夢，要讓夢有機會被打開、被懂，關鍵在於：讓我的心，好好靠近夢的主人的潛意識。而要靠近一個人的心與潛意識，其中一個訣竅是「善」解。

這個「善」，不是擅長，也不是很厲害的意思，這裡的善，是「善意」的善，說的是帶著一份善意、一種對人的敬意與關心，去懂一個人、去解讀夢的可能含意。即使夢的含意，不是我們試圖靠近的「善解」，而是另一個方向的訊息，那麼主角也會因為陪伴者站在「善解」的位置上、因為多了一份安心與願意，去靠近自己的潛意識訊息。讓我們一起，來「善解」遇見的人、遇到的夢境隱喻吧！

## 陪伴者的態度

解夢時，對於夢的主人（就是做夢的那個人）而言，陪伴者，是夢的主人內在空間的客人。既然是客人，解夢陪伴者最適合的樣子，會是「同在而不侵入」（company without intrusion）。同在而不侵入，說的是陪伴者在解夢時，帶著好奇也帶著耐心，善良柔和的提問，一起猜測夢的含意。陪伴者像是被夢的主人邀請到家裡來，一起幫忙找重要的東西，因此，當客人的陪伴者，真的要記得「到別人家裡不要亂翻東西」。

二〇一〇年的年底，我第一次到澳門帶領「夢境智慧探尋工作坊」，工作坊結束之後，我收到一位年輕臨床心理師嘉路寫的這麼一篇短文：「到別人家不要到處亂翻」。這篇短文精準的描述了在解夢時，陪伴者的角色與態度。這段生動又清晰的隱喻描寫，實在是捨不得聽過就忘了，所以徵得同意，放在這裡和大家分享。

### 到別人家不要到處亂翻

假如某天你走在路上，遇到一位朋友，看到他臉上有點焦急，他跟你講他要在家裡找一樣很重要的東西，你的朋友邀請你到他的家裡幫忙一起去找。經過了大廈大堂的保安站，那裡裝滿了很多精密先進的監視器，因為有你朋友在身旁，於是你安然輕鬆的通過，然後來到他很大很漂亮的家。雖然門很重、很大，門鎖也很牢固、很複雜，但是，只要你朋友拿了鑰匙，你就能跟著他一起進去了。

無論是不是第一次進到朋友的家，我相信，如果你們彼此夠尊重的話，我想你一定會安心的坐在客廳的沙發上，等待著朋友的示意，而不會到處亂走亂碰。或者你會慢慢的沿著朋友的步履，跟著他走到飯廳、廚房、廁所，甚至是他自己的房間，這個很信任你的朋友，會邀請你幫忙一起在他家裡找東西。過程中你可能會翻到他的獎牌，冰箱裡面的肉，或是他廁所裡的刮鬍刀，甚至是衣櫃裡面的內衣，只要對方容許，你們就是一起在找東西。

所以，我們按著朋友的指示一起去找他想找的地方，而不會因為自己的好奇心，不禮貌的八卦亂翻。亂翻的舉動，想必會挑起朋友的不悅，最糟的可能會換來被趕出房子，也讓你的朋友心中決定：「再也不要請人到自己的家了！」作為忠實的朋友，我們心中唯一的「好奇」，就是替對方用心猜測，猜測看看：「東西會不會在這裡？會不會在那裡？有沒有可能這裡，是找到東西的入口？」我們心中可以有好多的猜想，但我們心中都明瞭：**「最有可能知道東西放在哪裡的應該是他自己！」只是一時之間忘了放哪裡，或者是「被什麼給蓋著了」**。

潛意識的工作就是這麼一個「願意」的過程，我願意幫忙你去找你的東西，而不是好奇揭開你心底藏著什麼祕密，或像個尋寶專家的去告訴別人該找什麼出來。要記住的是：解夢的主角是他，我們只需要在適當的時候替舞台打光和配上音樂就行。我們關心的是「他」有沒有找到，而不是找到什麼，因為我們關心的對象是我們的朋友，而不是那被找的東西。

事隔多年，在整理這本解夢書的此時，重讀一次這段短文，我依然不停的點頭讚嘆：對對對，真的是這樣！

解夢時，身為陪伴者的我們，真的不是分析解題的專家，而是**陪伴找寶物**的專家。我們用被主人牽著的手，感覺主人手指的力道，是往右邊用力還是往下用力；我們用靠近的耳朵，傾聽主人的呼吸聲，是急促興奮，還是孤單黯然；我們用敞開的關愛的心，感受身旁的朋友，此刻的生命是想要自己多用力一點，還是渴求我們多一些穩穩的支持。

**解夢小訣竅：陪伴解夢的好態度**

下頭的幾個關鍵詞，可以在陪伴解夢時放在心上，拿來提醒自己回到陪伴的好位置：

**帶著耐心的好奇**

**帶著善意的溫和**

**真心期待著即將出現什麼**

**真心願意停留等待**

而這樣的好狀態，如果化為說話的語法，就會是在猜測夢境含意時，用這樣的句型開頭：「會不會有可能像是……類似像是……」說的時候，帶著一份「我真的不知道是什麼，但是我很願意猜猜看」的態度與心情。

# 陪伴解夢五階梯

順暢的陪伴解夢，常常是從「ㄟ！我跟你說，我昨天做了一個很怪的夢」，走到了「喔～原來這個夢在跟我說的是這個喔，真有意思」。

只是，要如何從迷惑破表的起點，一步一步抵達重要發現連結的目的地？在二十幾年的潛意識工作經驗累積裡，下頭是我陪伴解夢時，最常走過的五個階梯。

## 階梯一：準備階段

**「等一下，如果想到了什麼，歡迎跟我分享；如果你想放在心裡，那也很好。有些夢透露的訊息是很個人的，而保有這些是重要的。」**

準備階段，主要在讓主角放心，所以，這個階梯裡，可以多跟夢的主人說一些會更放心、更安心的話，同時用真心的態度，傳遞出一份完整的安全感。很像是在

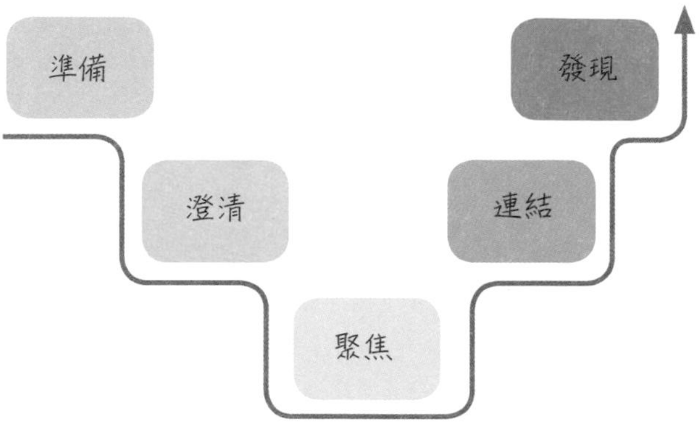


一個人想要躺下的時候，為他放置一個舒適的枕頭；像是給出一雙迎接的手，歡迎新東西的到來；像是有耐心的陪著一個孩子看著他畫的畫；也有點像是行前說明，把即將發生的種種變成一份可以想像的期待。

潛意識，就像黑暗大海裡無聲矗立的燈塔，如果你用心的、安心的接近它，它很有可能亮給你看！如果不理它或驚嚇它，那燈塔很有可能關掉燈火，讓你失去指引、摸不著頭緒。所以，陪伴解夢的第一個階梯，就是讓夢的主人與陪伴者一起「準備」。這裡的準備，最主要是讓夢的主人知道在解夢過程裡，可以完全的保有自己的隱私，當內在有觸動、有發現時，只要說出想分享的部分就好了。

準備階段裡，最重要的任務是「啟動潛意識安心機制」，也就是卯足全力要讓夢的主人安心、放心。這個階段可以使用的句型有兩類：

### 1. 啟動安心機制句型

「解夢的任何時候你想停，我們就停下來。當你覺得足夠了，請隨時告訴我，我們就會停下來。」

「解夢的時候，我的什麼特質或態度如果來到這裡，會讓你更安心自在的靠近你的夢？」

### 2. 探尋解夢動機句型

「如果可以，請你憑直覺告訴我一兩個最近的煩惱；或者，你想告訴我一兩件你關注的事？」

「解這個夢，你最想要知道的是什麼？是想多懂自己一些嗎？是生活裡有困境需要突破嗎？」

除了上頭這兩類問句之外，還有一件很好的事情可以做，那就是唸一段這本書附錄一裡的「解夢前的準備」或「活化潛意識」（第二七六到二八〇頁）給夢的主人聽。陪伴者可以配著自己選擇的輕音樂當背景，然後用自己的聲音慢慢的、溫和的唸給主角聽。

除了陪伴者自己唸引導詞之外，也可以準備好隨書附的CD，選好哈克進錄音室錄好的音軌一（解夢前的準備）或音軌二（活化潛意識），然後按下播放鍵就可以了。陪伴者一旦感覺到與主角有了一份親近安心感，就是可以朝階梯二「澄清夢境階段」走下去的時候了。

## 階梯二：澄清階段

**「夢裡，你看見什麼？感覺到什麼？盡可能描述所有細節，讓我好像正在參與你的夢一樣。」**

夢，有時候是一個忽然到來的畫面，有時候像是情節緊湊的一部電影，於是，在澄清階段裡，我們要做的是好好的欣賞一幅畫，也讓初初一眼瞥過沒看見的，在這裡被發現。透過問句與好奇，讓主角可以放心地盡情說夢，好像介紹他的作品一樣。

在這個階段，陪伴者可以與夢的主人一起創造的，是架出一個夢的全景，像是播放ＤＶＤ一樣，看不懂的地方就倒帶，或是按「暫停」，看清楚了之後再繼續。這個階段，是蒐集資料的好時機，越是用心看，越有機會找到夢的作品和作者的關連。

如果夢的主人說他夢到了一個樹屋，樹屋，不就只是樹上的一個房子嗎？是嗎?!只有這樣嗎?!夢境裡的隱喻畫面可以遠遠超過我們本來以為的想像。所以，說不定夢的主人會說：「那是黑暗裡，有四個彩繪玻璃的窗口亮著燈的樹屋……」有好些細節、形狀、色彩，等著陪伴解夢的人去澄清、去靠近，進而找到夢的入口。因此，在澄清階段，火力集中在理解夢境細節、場景畫面、感受、出現的角色互動，想辦法去問到所有可能的細節，例如：

「你說的那個東西是什麼材質？摸起來怎麼樣？敲敲看會有什麼聲音嗎？」

「關於夢境，多說一點好嗎？讓我好像從你的心裡看到一樣……」（因為我們看見的，常常和夢的主人看見的不怎麼一樣，或者，總是有那麼一點點不一樣，而那個不一樣，常常是獨特的關鍵點。）

澄清階段裡，最重要的任務是「畫面與情節的清晰浮現」。陪伴者透過問句，讓主角把心裡的夢境畫面說清楚，讓陪伴者心裡看見的畫面幾乎與主角感受到的一樣。這個階段可以使用的句型有兩類：

## 1. 夢境細節澄清

「夢裡，你看見什麼？感覺到什麼？盡可能描述所有細節，讓我好像正在參與你的夢一樣。」

「你剛剛說的那個……，大小大概多大？是什麼顏色？顏色如何分布？夢裡有背景嗎？」

「想邀請你閉上眼睛，邊用手比出夢的內容，邊說給我聽，讓我好像跟你一起經歷你的夢。」

「閉上眼睛，再看一次夢裡主要場景，有什麼是你剛剛一開始說的時候沒有發現或沒有說出來的？」

### 2. 情節轉折澄清

「你剛剛說先是……，然後是……，中間有發生什麼嗎？」

例如：「你說夢裡先是三隻白熊從黑黑的洞跳出來，然後你躲到樹後，中間有發生什麼嗎？」

## 階梯三：聚焦階段

**「夢裡面，最讓你迷惑的、最好奇的，是什麼？迷惑什麼，好奇什麼？多說一點好嗎？」**

夢境一旦澄清了之後，我們有了足夠的夢境細節訊息，接下來，蓄積能量，像拉滿了弓的弓箭手，試圖專注地集中力氣一箭射出，看看有沒有可能命中紅心！有時候，這拉滿了弓的弓箭手，要再拉一次弓、又再拉一次弓，嘗試好幾次，才剛好滑進了夢的入口。

當我們一起細細的聆聽著夢的同時，也開始尋找解開夢的關鍵切入點。在澄清階段，有一些主角的話語或描述段落，特別打動我們，或讓我們聽到津津有味，甚至瞪大雙眼，也可能讓我們自然的有了一個深呼吸，這些「特別有反應的地方」就非常值得我們敲敲門，手拉手一起進去看看，這也就是我們尋找的聚焦點。

聚焦階段裡，最重要的任務是「夢境舞台聚焦打光」。陪伴者透過好奇又真心的問句，在原本暗暗的夢境舞台上，打上強力探照燈，讓夢境的某個重要部分被清楚的看見。除了問句之外，在這個階段，很適合花一部分的力氣去注意夢的主人有沒有出現特別的身體反應，像是：大大的嘆一口氣、打嗝、手腳抽動、臉部肌肉不自主彈跳等等，如果這些可發覺的身體反應出現了，那麼，**這些訊號出現前**正說著的夢境內容，常常都是絕佳的聚焦目標。

澄清階段裡，好用的句型有三類：

## 1. 夢境內容聚焦

「夢裡面，有沒有哪一個段落或哪一個畫面，讓你很想很想知道那到底是在說什麼？」

「夢裡覺得最奇怪的、最打到你的，或有一種震撼感的，是什麼？」

如果把夢境的細節放進問句裡，就會有像這樣的例子：「你剛剛說到在你的夢裡，有腳踏車，有山路，有小女孩，有輪胎漏氣，這些，哪個部分讓你最迷惑，或讓你有一種被打到的感覺？」

## 2. 感受想法聚焦

「剛剛講到……時，感覺到什麼？有沒有什麼念頭或感覺跑出來？」

「夢裡，有沒有哪裡，是與實際情形不符合的？」

「說到這裡，身體哪裡特別有感覺？用手碰觸這個部分，對，閉上眼睛感受一下，這個部分在說什麼？」

例如，夢的主人提到他的脖子緊了起來，就可以這樣接：「喔，緊了起來，要不要問問看自己，是什麼讓脖子緊起來？」

## 3. 重新聚焦

「我們努力了好一會兒，剛剛聚焦的地方好像沒有特別發現什麼，我們來找找別的，好嗎？除了剛剛我們探索的部分以外，還有沒有哪裡，是讓你仍然迷惑的？」

## 階梯四：連結階段

### 「夢醒後，最記得的感覺是什麼？生活裡面有沒有類似的感覺？」

夢境聚焦後，我們要準備開獎了！解夢走到這裡，像是在山洞裡挖挖挖之後，終於觸碰到了一個藏寶箱，我們正處在即將打開的前一刻。這個階段裡，我們一起探索夢境隱喻可能代表的含意，一起尋找「夢境」與「實際生活」的連結與相關性。像是夢裡的那台古老的腳踏車，會不會代表什麼？腳踏車後座的那個可愛小妹妹，會不會說的是生活裡的誰呢？

當夢越說越裡面，主角也有機會越來越靠近「夢解開的時刻」。而「夢解開了」，常常是夢境內容和生活裡的真實感受、情節連上的那個剎那，這時候通常伴隨著主角的微笑、深呼吸、眼淚、用力捶大腿的反應。主角會因為連結上了，所以懂了原先不明白的心情轉折，接觸到隱晦不明的情緒。像這樣尋找到夢和生活的相連處，是解夢在助人工作中，有機會真正幫到主角的地方。

連結階段是解夢最關鍵的時刻，這個階段最重要的任務是「想辦法連起來」。透過聚焦了的夢境細節或感受，開始連結起真實的生活或生命事件。因為很關鍵，所以使用問句時，要慢慢的、溫柔的問，每個問句問出之後，都要停留夠久，因為潛意識直覺的訊息，有時候需要時間慢慢浮現。在這個階段，不少夢的主人會出現強烈的情緒，這時候，陪伴者可以這樣說：「我在這裡陪著你，如果你有想說的，我會認真聽。」重要的情緒轉折一旦出現，常常會帶領我們找到夢境更裡頭的重要含意。

在這個階段，如果主角出現了驚訝的語助詞「喔～啊哈！」、流淚或微笑，可能就是切中目標了（開獎時刻來了！）。如果主角出現皺眉頭、抓頭的動作，或者出現疑惑的語助詞「嗯……是嗎？不知道ㄟ……」，那就可以靜靜等待，或者回到階段三，再重新拉弓，重新聚焦一次，繼續一起努力。

連結階段裡，好用的句型有四類：

## 1. 生命現狀的報告書

「如果這個夢是反映你最近狀況的一份報告書，你猜這個夢在說什麼？」

「最近的你，有什麼煩惱或掙扎嗎？這個夢，跟你目前的煩惱或掙扎，有沒有相關的訊息或連結？」

「最近的你，正在長出些什麼，或正要投注心力發展什麼？這個夢，跟你目前的發展或投入，有沒有什麼是相關的？」

「最近的你，有沒有覺得缺了點什麼？這個缺的東西、能力或態度，在夢境裡有沒有什麼是相關的？」

## 2. 聯想連結

「這個夢，讓你聯想到什麼？」

「夢裡的場景或地點，讓你想起什麼？有沒有哪裡讓你有類似的感覺？」

「夢裡最強烈的感覺是什麼？這個感覺讓你聯想到什麼？」

## 3. 形容詞與扮演連結

「你夢到的那個人（動物），如果用幾個形容詞來描述他，會是什麼？當你這樣說的時候，有沒有讓你想起自己的某個部分或某個特質？」

「夢裡的東西，如果用三個形容詞來描述，你會怎麼說？這樣說，有沒有讓你想到自己的特質，或是自己的某個部分？」

「夢裡的那個東西，如果用第一人稱口白的方式扮演，你會怎麼說？『我是……，我……』」

### 4. 直覺猜測語法

「我剛剛突然想到，你這個夢，會不會跟……有關？」

## 階梯五：發現收尾階段

**「說到這裡，你猜想，這個夢在跟你說什麼？」**

如果連結發生了，發現了前方的新可能，我們可以移動目光，朝那個方向望去，然後帶著希望甩動釣竿向前拋去，整個人迎接可能的收穫，歡迎到來的提醒。

發現收尾階段是解夢的收穫時刻。當主角理解了夢境內容所連結的生活事件之後，就自然的走到了這個最後階段。當然，如果夢境內容沒有連結起生活事件，主角沒有明顯的理解或感覺打開夢，那麼就可以回到「聚焦」，然後再試試看「連結」。找尋到了連結之後，再來到「發現收尾」。

發現階段，像是寫一張小紙條，上頭有一個屬於自己的 note 放在口袋裡，然後帶著走。這個階段也像是走到了旅途的終點，但又知道是另一段旅程的起點，於是將對夢境的發現，有了一個抵達前的整理，然後揀選出旅途中的新理解，打包好，走向接下來的路途。

發現收尾階段裡，最美好的任務是「和夢的主人同在」。夢解開了，有時歡樂有時悲傷，主角如果流著淚，就安靜的陪著，遞面紙給主角；如果主角微笑不語，陪伴者也安靜的同在。如果主角說完了自己的發現，陪伴者有想分享的感受，很值得說：「聽這個夢，我最觸動的是……」

這個階段裡，拿來收尾與瞭望未來的句型有四類：

## 1. 發現夢境訊息

「說到這裡，感覺到你心裡好像有接收到了一些什麼。你猜，這個夢在跟你說什麼？」

「剛剛我們一起經歷了你夢裡的種種，我在想，你可能越來越明白這個夢了。如果用一段話來說說你的發現，這個夢，在跟你說些什麼？」

## 2. 發現新方向或提醒

「夢，有時候會給我們一個新的可能的方向，讓生活有突破的可能。你猜，如果有一個新方向，這個新方向是什麼？」

「有時候，夢會提醒我們忽略的所在。如果這個夢是一種提醒，你猜這個夢正在提醒你的是什麼？」

## 3. 收到觸動與禮物

「謝謝你讓我陪你解夢，我要謝謝你讓我得到一個禮物，這個禮物是……」

「謝謝你的真誠分享，讓我有機會參與你的一段人生路途。剛剛聽著你的夢，我最觸動的地方是……」

## 4. 與潛意識建立夥伴關係

「謝謝你分享這個夢，如果你願意，我想要來跟你的潛意識或直覺說說話，想邀請你閉上眼睛，做三個深呼吸，很好……潛意識，謝謝你給了機會來靠近你，接下來的日子裡，可能在白天，可能在夢裡，請潛意識繼續傳遞訊息……傳遞好東西，讓意識和潛意識有機會變成好朋友，一起合作，一起建造美好……謝謝……」（這是簡短版的收尾引導詞，如果想要完整的引導詞，可以翻到附錄一的第二八〇頁，參考完整版的「解夢後的收尾」，也可以播放隨書附的CD音軌三。）

「解夢五階梯」是清楚又可操作的五個步驟，熟悉了解夢的問句之後，陪伴身邊的人探索夢境，就很有機會變成一件有趣、貼心又豐富的活動。

接下來，一起來看個簡單易懂的夢：「撈不起來的大便」。這是幾年前陪伴學生的真實夢境，透過這個解夢故事的描述與說明，來熟悉「解夢五階梯」裡各個階段的關鍵問句。

## 「撈不起來的大便」——解夢五階梯運用實例

在接下來的書寫裡，為了讓閱讀更順暢，我會把「夢的主人」，簡寫成「主角」。之所以用「主角」，意思是：夢的主人，正好就是自己生命的主角。

小偉是個熱舞社青春洋溢的企管系大三學生，常常在下課時分跑來找我聊天。有一次好像是傍晚，剛上完兩小時的壓力管理的課，原本全身行頭都齊備、準備好要去熱舞社練舞的小偉，忽然說起了一個前一天晚上做的夢。

小偉滿臉疑惑地這麼說著：「夢裡，我在廁所，馬桶裡有三坨大便在水裡翻滾，然後我不知道為什麼，就用手去撈，可是大便總是從我的指縫中溜過，撈不起來。然後很奇怪的是，撈不起來也就算了，我用水沖，也沖不下去、沖不掉！好詭異的感覺喔～」

看著眼前這個愛跳街舞的大男孩，我帶著笑意溫和的說：「小偉，這種詭異的怪夢，通常解開來以後，會有一些屬於你的隱私在裡面喔～我要先跟你說，等一下如果你想繼續探索這個夢，我會陪著你往下走，同時，如果你有一些發現，是很個人隱私的，那你可以不用跟我說，放在心裡就很好。」↓準備階段之啟動安心機制

小偉微微笑，點點頭。我放下手裡教課時放 ppt 用的筆電、收好包包，專心的看著眼前滿臉都是問號的大男孩，我猜他對於這樣的小怪夢，真的一點線索也沒有。這個時刻的我，和小偉一模一樣，也是什麼線索、什麼直覺答案都沒有。有意思的是，在解夢的初期，當陪伴者和主角一樣**什麼線索都沒有**的時候，是非常好的「同在」（company）狀態。

天色漸暗，原本在教室裡三五成群的大學生們逐漸散去，我繼續陪著小偉探索這個夢：「小偉，我想邀請你閉上眼睛，把這個夢再說一次，特別是那些你本來沒有注意到的細節。還有啊，也可以邊說，邊用手比給我看你正在說的那些細節。」↓澄清階段之夢境細節澄清

小偉閉上清秀的大眼睛，眨呀眨的，比手畫腳的說著：「那個廁所不大，不知道為什麼，就是撈不起來那個大便，奇怪，又沖不掉，就在那裡像小漩渦一樣轉來轉去……」小偉的手比著那個轉動的小漩渦，臉上的迷惑越來越濃。

好，迷惑很濃，表示這裡有重要的訊息。我接著往下問：「整個夢，你最好奇的、最覺得怪透了的，是哪裡？或者是什麼？」↓聚焦階段之夢境內容聚焦

「當然是那三坨大便。」小偉完全沒有遲疑的回答。

好，篤定的聲音似乎說著，這把拉滿的弓，很有可能射中關鍵紅心。我貼著主角給的線索，繼續往裡頭問去：「好，大便，來，我要你委屈一下，暫時來扮演一下大便。用第一人稱口白的方式扮演，你會怎麼說？『我是大便，我……』」↓連結階段之物品扮演連結1

小偉似乎有一點為難，同時可能因為太想解開這個夢，所以為難的神色只有一閃而過。我看他抿了抿嘴，一副「撩勒去」的架勢，開始了下頭的關鍵時刻：

「我是大便，唉～我哪裡也去不了，沖不下去，也撈不起來，只能在這裡轉來轉去……」

那一聲嘆息「唉～」聲音很立體，是一份很真實的感覺。感覺上來了，夢的連結就很有希望發生了。我當然不會錯過這個感覺上來的時刻，帶著溫和的好奇，問小偉：「生活裡的什麼，或者生命裡的誰，是沖不下去也撈不起來，這樣的讓你嘆氣？」↓連結階段之物品扮演連結2

小偉一聽見我的問句，沒有說話，但閉著眼睛的年輕臉龐似乎正說著千言萬語。我看到他右眼的眼角，一顆一顆眼淚排著隊，忽然整串流下來。

觸動來了，通常就是夢的訊息被懂了、被接收了。這是潛意識的訊息忽然被意識給聽懂了，這是珍貴的時刻，於是我深呼吸一口氣，帶著敬意，柔柔的問：「眼淚說著什麼？剛剛那個剎那，什麼理解正發生著？」←發現階段之發現夢境訊息

小偉很自然的睜開還掛著淚滴的眼睛，說了一段故事：

「真的很傳神，這陣子，我的爺爺從大陸山東他兒子那裡回來我們家，他在大陸有一個兒子，跟國民政府來台灣以後，才又生了我爸爸。爺爺年紀大了，身體不好，脾氣也不好，真的很不好照顧，每次爺爺來到我們家那一整個半年，家裡的氣氛都會很不好。

「昨天，他洗澡時在浴缸滑了一跤，摔到了。我聽到『繃！』的一聲，趕緊跑進浴室，要把爺爺抱起來，可是爺爺很大隻，我試了好幾次，怎麼樣都抱不起來，怎麼抱都抱不起來，唉攸，像是怎麼撈也撈不起來……唉～怎麼這樣，把爺爺夢成了大便了。真的很不願意這樣想，可是，有時候照顧爺爺累了，真的很不想繼續照顧下去，可是又是自己親爺爺，怎麼可能放掉不管，就像沖也沖不掉；想照顧又照

顧不好，就像是撈也撈不起來……唉攸～」

夢，這樣說著年輕孩子的內心掙扎。一部分的自己，想好好照顧年老的親人；一部分的自己，真的是累了、辛苦了，真的是走到快要承受不了的地步了。我看著小偉，輕聲的說：「辛苦了，真是不容易……」

夢解到這裡，月亮都已經出來了。臨走前，我跟小偉說：「你的潛意識，靈活極了，下次又做夢，記得寫下來喔，夢有時候會在關鍵的生命轉折時刻，給我們很特別的指引喔！」↓**發現收尾階段之與潛意識建立夥伴關係**

準備好要去熱舞的大男孩，用手擺出了OK的姿勢，在離去的摩托車上大聲的回著：「我回去一定會把做的夢寫下來。夢可以解開實在是太酷了！」

「解夢五階梯」，準備、澄清、聚焦、連結、發現，就這樣在這個傍晚的短短下課時間裡，對於眼前的這個年輕生命，多懂了一點點。如果不是這個夢，我怎麼能夠知道，這個熱愛街舞的大男孩，前一天在浴缸裡扶不起爺爺時，有那麼揪心的嘆息，和如此真實的掙扎。

Part 4
解夢經典手法

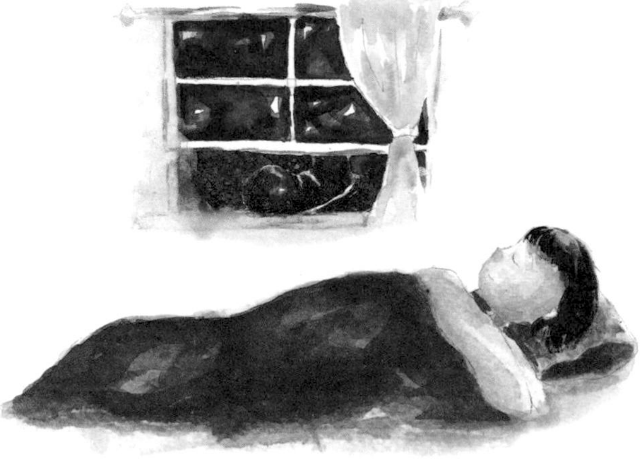

來說兩個很可愛的小夢。

這兩個夢，都是我的小女兒黃毛毛五歲那年做的夢。第一個夢發生在冬季，那一年的聖誕夜是星期三，隔天星期四早晨，一如往常，我騎著摩托車帶黃毛毛去幼稚園，路上等紅綠燈時，小小的阿毛抬起頭來，用稚嫩可愛的聲音說著：

「把拔，我跟你說喔，我，我今天夢到我在房間，然後在窗戶看到聖誕老公公穿著紅鞋子，走過來要送禮物給我。我，我不知道是真的還假的，反正我就是有遇到，聖誕老公公的紅腳走過來。」呵呵，真是童年美好的美夢成真啊！

第二個夢，是有一天傍晚時分，黃毛毛走路走累了，雙手舉高高耍賴著要把拔抱抱。我微笑地抱起了女兒，一邊繼續走路，小女孩忽然說了一段話，她說：

「把拔，我有一次做了一個夢，我夢到，那個，有人打我。然後，然後，把拔就來，把拔就來說：『你不能打我的女兒！』」

唉攸，好真實的夢境喔。我一邊抱著女兒，一邊在她的耳畔柔柔的問著：

「你夢到這個夢的時候，感覺到什麼呢？」

阿毛一點遲疑也沒有的回答說：「我心裡感覺到，把拔，把拔很保護我。」

小女孩心裡想要感覺到安心，於是在夢裡，呼喚著專屬於她的安全心錨，也就是把拔的聲音與動作來保護她。

這兩個夢，在夢境的分類上頭，都被歸類叫作「顯夢」，意思就是說，這是含意明顯易懂的夢。女兒透過「聖誕老公公穿紅鞋走過來」，說著她生活中一遍又一遍希望發生的場景，還有真心希望實現的幻想情境；而夢到「你不能打我的女兒」這樣的夢境，很可能是單純地說著，她白天感覺到把拔很保護、很照顧她，而夢裡，就用了最單純的學校生活互動來呈現了她心裡的感受。這兩個夢，意思都挺明顯，不怎麼難猜，這樣的夢就叫作「顯夢」。

和顯夢很不同的，是「隱夢」。隱夢的意思，指的是做夢之後，有一種百思不解，又很想知道到底這個夢在表達什麼的好奇感。這樣的夢，感覺背後似乎有某種代表的意思或訊息，但是一時之間還真的是碰不到、摸不清楚。我們會想要更進一步探索的，常常就是這些讓人又愛又迷惑的「隱夢」，像是邱大哥的當長浪席捲而來、夫人的找肉鬆的夢、小粉紅的白色大炸彈的夢境，都是挺典型的隱夢。因為這些隱夢的普遍存在，我持續地使用、發展接下來要說的三個解夢訣竅，包括「三個形容詞手法」「扮演手法」和「摘要手法」。

這三個解夢手法，最早都源自於尤金．甘德林，在我二十年的潛意識工作生涯裡，這些精闢的原初解夢概念，一次一次的在實際的解夢現場裡被實踐，也一回合一回合的，被活生生又越來越精緻的使用著。

# 三個形容詞手法——解夢訣竅之一

三個形容詞的問句是解夢訣竅裡，最簡單又容易使用，而且主角最不容易回答說「我不要」或「我不知道」的手法。這個方法直接又明快，就是在聚焦階段時，邀請主角用三個形容詞來描述夢中的人物、角色、物品，或任何夢境細節。接下來，就以下頭這個「小女孩腳踏車漏風，只好下車」的夢境畫面來舉例說明。

用「三個形容詞」這個手法時，可以這樣探索「小女孩坐腳踏車」的夢：

**聚焦在腳踏車時**

**「我聽到你說一台有一點古老的腳踏車，如果用三個形容詞來形容這台腳踏車，你會想到……」**

收集到了三個形容詞後，可以這樣開始邀請主角進入連結階段：

「剛剛你說到的這三個形容詞，　　、　　、　　，有沒有讓你想起自己的某個部分或某個特質？或者，有沒有讓你想到自己的什麼？」

**聚焦在小女孩時**

**「腳踏車後頭的那個小女孩，如果用三個形容詞來形容她，你會說……」**

跟上頭的流程一樣，收集到了小女孩的三個形容詞後，開始邀請主角進入連結階段：

「剛剛你說的這三個形容詞，　　、　　、　　，有沒有讓你連結到生活中的什麼？像是最近的主要煩惱、生活的處境、困難、掙扎……或者生活的重心、跟工作相關的，或是跟人的關係……」

換個例子來說明，如果主角的夢裡提到了一位衣服破舊的神父，用三個形容詞的手法就會是：

陪伴者：「我想邀請你，用三個形容詞來描述你說的那個衣服破舊但眼神亮晶晶的神父。」

主角：「……嗯，有智慧的、慈祥的、勇敢的。」

陪伴者：「喔，是這樣喔，有智慧、慈祥的、勇敢的……這幾個生動的形容，有沒有讓你想起自己的某個部分，或者某個特質？或者是想到重要關係裡的誰？」

**解夢練習：三個形容詞**

接下來，說不定你會想要做個關於使用「三個形容詞」的小練習。我們一起來看看下頭這個「透著彩色亮光的樹屋」的夢，邀請你看著下頭這個畫面，然後先在接下來的空白處，寫下三個形容詞的問句，寫好之後，再到下一頁參考一下哈克熟悉順手的問法。

如果聚焦在樹屋：

「……」

如果聚焦在樹屋前的小信箱或樹屋上的公雞風向儀：

「……」

## 哈克熟悉順手的問法

### 聚焦在樹屋時

「你剛剛說到你的夢裡有一個樹屋，如果用三個形容詞來形容這個樹屋，你會想到哪幾個形容詞……」

收集到了三個形容詞後，邀請主角進入連結階段：

「剛剛你說到的這三個形容詞，____、____、____，有沒有讓你想起自己的某個部分或某個特質？有沒有讓你想到自己的什麼？」

### 聚焦在樹屋前的小信箱／公雞風向儀時

「你說夢裡，樹屋前有一個站立的小信箱／公雞風向儀，如果用三個形容詞來形容，你會說……」

收集到了三個形容詞後，邀請主角進入連結階段：

「剛剛你說的這三個形容詞，____、____、____，有讓你聯想到什麼嗎？可能是忘記了的什麼，或者是歲月的訊息，或者是生活裡正需要面對的，或迎接的，也可能是期待著的……」

讀到這裡，有沒有覺得解夢挺有趣的呢？使用三個形容詞這個解夢手法，非常的溫和、不侵入。親近自己的夢或親近眼前的人的夢，其實可以這樣的輕快與和緩，不一定要牽涉到強烈的情緒噴發，也可以帶來一份輕輕柔柔、彼此靠近的感覺。

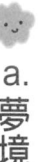

# 扮演手法——解夢訣竅之二

「扮演」的問句是解夢經典手法裡，最強力的一種，而且震撼力與後座力十足。一般來說，**建議在陪伴解夢時，先試試看使用「三個形容詞」的手法。當三個形容詞的問句沒有辦法鑽進或碰觸夢的內裡時，再來使用「扮演」這個偏向完形治療學派的強力解夢手法。**

「扮演」這個手法，沒有廢話，直指核心，邀請主角用第一人稱口白的方式，去扮演夢裡出現的：a.夢境重要角色、b.夢境聚焦物品、c.夢境反派角色。下頭用實際的陪伴解夢例子來一一說明：

## a. 夢境角色扮演

夢裡，出現的人物與動物，包括主角自己、夢裡關鍵人物，以及夢裡的動物、鳥類、昆蟲，都是很合適的扮演標的，特別是那些主角自己特別好奇的夢境角色。

下頭，用兩個例子來呈現角色扮演的手法：

## 例子一（先聚焦，後扮演）

陪伴者：「剛剛聽你細細的說了好完整的一個夢，謝謝潛意識與意識一起幫忙，讓夢可以這樣被記得與說出來。接下來，想來試試看一個生動有力的作法，叫作扮演。不知道夢裡最讓你好奇的人，是哪一個？」

主角：「那個拿著獵槍的吸血鬼。」

陪伴者：「哇……拿著獵槍的吸血鬼，好，來，用第一人稱去扮演拿著獵槍的吸血鬼：『我是吸血鬼，我拿著獵槍，我……』來，開始！一邊說，一邊感覺看看什麼正從心裡跑上來……」

## 例子二（聚焦＋扮演）

陪伴者：「想來試試看一個很有趣的作法，叫作扮演。不知道夢裡最讓你好奇的人或動物，是什麼？」

主角：「那隻被拴住的狗。」

陪伴者：「喔……那隻狗，好，來，邀請你用第一人稱去扮演牠：『我是……，我……』請你暫時當這隻狗看看，讓拴住的狗用第一人稱說說話，像是：『我是一隻被拴住的狗，我……』然後看看有什麼，從你心裡浮現，感覺到什麼……」

## b. 夢境物品聚焦

夢裡的物品、擺設、食物、任何的東西，只要主角說到的時候帶著感覺、迷惑、好奇，就會是很好的聚焦扮演選擇。下頭的例子，呈現出從聚焦走到扮演，進而開啟連結夢境智慧的實況過程：

**例子（聚焦＋扮演＋連結）**

陪伴者：「夢裡，有沒有哪一個物品或東西，是最讓你迷惑，或是讓你很有感覺、很想多懂一些的？或者，這個時刻，似乎正在呼喚你去接近它，叫喚你去了解它的？」←聚焦

主角：「那個在黑板角落，髒髒的都是灰的板擦。」

陪伴者：「板擦，好，來，閉上眼睛，用第一人稱，像是口白一樣，說一段話，用『我是板擦，我……』開始。」↓扮演

主角：「我是板擦，我每天都被弄得髒兮兮的，很想清洗乾淨，很想很想好好打一打，清爽一些。」

陪伴者：「唉攸，這樣喔，弄得髒兮兮的，想清洗乾淨，想打一打，清爽一些。說到這些，有沒有，讓你想到什麼？生活裡有沒有什麼，讓你想清爽一些、想清洗乾淨的？」↓連結

## c. 反派聚焦

很多人的夢裡，會出現追趕、威脅、讓人害怕奔逃的反派角色，包括鬼、殺手、恐龍、狗、蛇、討厭的人，還有其他種種會讓人想逃離的角色樣貌。這樣的反派角色，表面上讓人害怕或討厭，一旦使用扮演手法時，常常會出現意想不到的驚喜發現！前頭出現的小兔的猛鬼敲門的夢，在最關鍵的解夢時刻，就是透過扮演反派角色（鬼）這個作法，得到夢的新訊息的。

在我帶領解夢工作坊十幾年的現場實作經驗裡，真的一次又一次的驗證了尤

金．甘德林提出的經典見解：「夢裡的反派角色，常常透露出很特別的訊息，有時候正好代表著我們缺乏的某個部分。」

接下來，用下頭的例子，來說明聚焦在反派角色時的扮演手法：

## 例子（聚焦＋扮演反派＋連結）

陪伴者：「夢裡，哪一個角色跟你最不一樣、跟你是最相反邊的，像是反派啊，或是殺手啊，或是追趕你的人啊？」↓聚焦

主角：「嗯，有，那個一直不說話頭低低很恐怖的黑衣人。」

陪伴者：「這樣喔，那個一直無聲的跟蹤你，讓你很害怕的黑衣人。好，來，我想邀請你用第一人稱去扮演這個黑衣人，用『我是黑衣人，我……』來說說看……」↓反派扮演

主角：「我是黑衣人，我不說話，因為……我是極其安靜的殺手。我只要一出手，精準無比，威力強大。」

陪伴者：「哇哇！極其安靜、一出手精準無比、威力強大，這……有沒有讓你

想到什麼？說不定是這個生命階段正好需要的，或者前一段歲月正好缺乏的……有沒有什麼是在你心裡有『噹』一聲的靈感的？」↓連結

# 摘要手法——解夢訣竅之三

「摘要手法」是解夢的三個訣竅裡，**最能帶著同理感受、帶著前頭探索過程中收集的「懂」，來陪伴主角的解夢好手法**。這個手法主要分兩種：a.故事軸線摘要、b.感覺摘要。

## a. 故事軸線摘要

故事軸線摘要這個作法，是將夢中發生的故事或劇情，做一個簡短的、抽象意念的摘要，把故事的軸線脈絡用比較籠統的語法說出來，像是：「剛剛聽到你說在夢裡，**一開始**是……，**後來**……，到了最後……。不知道生活裡，有沒有什麼，是像這樣正在發生的？」

用下頭的爬山的夢，來看看故事軸線摘要的實際使用：

一位夢的主人這樣描述他的爬山的夢：「我知道我必須爬過這座山，可是山壁太陡峭了，沒有方法、沒有捷徑可以攀爬上去。然後，遠遠的看見有一棵大樹，好像如果我爬上那棵樹之後，就可以成功攀登這座山。可是，等到我真的費力的爬上了樹頂，發現高度只搆得到山壁的三分之二高而已……」

以這個夢的內容當例子，故事軸線摘要是這樣子的：

「看看什麼會浮現。如果你這樣對自己說：『我**一開始**找不到方法，**後來**出現一個，可是只有一部分有用而已……』生活裡，有沒有遇到什麼、碰到什麼，是類似這樣的？」

使用故事軸線摘要這個手法時，記得「要籠統」「越抽象越好」「把話語說得胖胖的、模模糊糊的」。與籠統模糊相反的，就會是精準明確的問句，像是：「你剛剛說你爬山找不到方法可以爬上去，後來就去爬樹，但是發現沒用，這有沒有讓你想到什麼？」只要真的在陪伴解夢時這樣試試看，就會發現，明確的聯想問句會讓聯想無法有足夠的空間可以發酵、擴散。所以，作法上頭，是把「夢剛開始的時候要爬山，但爬不上去」這個明確的故事情節，化為抽象、模糊、胖胖的「一開始找不到方法」的說法。

之所以要這樣籠統又模模糊糊，是因為當這樣的語法被使用，我們的內在搜尋著夢境細節的象徵含意時，會更有機會順暢的出現可能的連結。模糊籠統的語法一出現，主角內在的自我對話會自然的發生，像是：「喔……一開始找不到方法，後來……ㄟ，我的生活有沒有這樣的事情呢？找不到方法的事情，又很努力的找……」這樣的自我對話，正是潛意識智慧得以連結發生的路徑。

一樣用爬山的夢做例子，故事軸線摘要還可以有下頭的模樣：

「要不要試試看這樣的說法：『剛開始啊，好像挺費力的想要抵達某個地方，到了中途，不知道為什麼，好像不得不先停下來了……』這個，有沒有讓你想到生活中的什麼呢？」

## b. 感覺摘要

感覺摘要的作法很單純，就是把夢境裡面**主要的情緒**，**做成簡短的摘要**。抽取感覺摘要的時候，訣竅是要記得「多說幾種可能性」，讓潛意識的聯想系統更自由的選取好的連結。

以前面爬山的夢當例子，感覺摘要的實際作法是：

「要不要試試看這樣的說法：『好像剛開始有一種失望的感覺，或者是茫然，或者是有一些擔心；後來，不知道為什麼，突然浮現了一絲希望，或者就是放心一些些，但是最後跟想像的還是不一樣……』這樣的說法，有沒有讓你想起什麼？」

或者，也可以是：

「看看什麼會浮現。如果你這樣對自己說：『一開始很困難，後來明明好像看見光明了，但最後卻好像有一種被騙的感覺……』這些感覺，有沒有讓你連結到自己的什麼？」

在三個解夢訣竅的概念說明之後，接下來，一起來看一個精采好夢「水龍頭的夢」❶。在這個經典的夢境實例裡，我會先呈現實際陪伴解夢的關鍵段落，然後再用實境模擬的方式，放入原本解夢過程裡沒有使用的手法（如果在當時用了那個手法，說不定很有可能會強而有力的打開夢境）。這麼一來，就更能想像上面三個解夢手法立體活起來的樣貌。

❶水龍頭的夢，在這裡以意境簡短版呈現。逐字的對話實錄、主角的事後補充、哈克的內心戲與碎碎唸，都會在下一本解夢書裡完整呈現。讀這個夢時，建議可以一邊讀，一邊思索感覺哪一個階段會適用哪一個解夢手法，也可以在主角說出一段話語之後，就在書頁的空白處寫下你會問出的問句，然後再往下看。

# 「水龍頭的夢」——解夢經典手法運用實例

水龍頭的夢的主角緋緋，是個二十出頭的女生，青春年華正美麗。這個夢，是很典型的「小怪夢」，夢醒之後有一種很想很想知道，到底這個夢是在說些什麼的好奇張力。這個陪伴解夢是這樣展開的：

我：「緋緋，等一下解夢的過程，想邀請妳說那些妳想說的。夢有不少隱私是很個人的，而保有自己的隱私是重要的。」

緋緋：「好。」

我：「等一下解夢的過程裡面，我的什麼陪伴，有機會讓妳更安心自在的靠近妳的夢？」

緋緋：「沉穩。」

我：「沉穩。好，我呼喚我的沉穩來陪伴妳。好，來，說說妳的夢。」

「呼喚沉穩，真有意思。」我心裡這樣想著，但是沒有說出口。我像是在心裡沉吟著……是啊，年輕的生命，遇到了什麼、碰到了哪些讓自己不知道該如何是好的，然後想要陪伴的我擁有沉穩的到來？是心裡的騷動、擾動亂流嗎？是有想要又怕的渴望衝突嗎？是不知道如果選擇了，會不會就失去了嗎？這樣自問自答卻一句話都沒有說出口的我，帶著善意，讓猜測與想像，伴隨著我中年的沉穩，一起存在著。還在沉吟的我，聽到眼前的綁綁，緩緩款款地說出了她的夢境，完整而扣人心弦：

夢一開始的時候是在一間有電腦的教室，我右邊坐著我非常好的朋友，我們兩個在用電腦。

後來，我要離開這個教室了，就開始找我的鞋子。外面整個走道上全部都是鞋子，可是找不到我的。我在外面一直走一直走，因為我沒有穿鞋子，所以我的腳走到最後變得很髒，我變得很不開心，因為腳很髒的話，等一下穿鞋子，鞋子會變髒，我不想要這樣子。所以我就到教室外面，找一個水龍頭，想說先洗一下我的腳。

水龍頭長得很奇怪，它有上面，跟下面，有兩個水可以流出來的出口。上面的水流得很急，下面的水流不太出來，好像就只有幾滴幾滴。下面的水實在太微弱，沒有辦法洗乾淨我的腳，我只好把腳抬高一點，讓上面的水龍頭來洗乾淨一點。

洗到一半，原本坐我旁邊的朋友往我走過來，他手上拿著一隻左腳的涼鞋，那時候就覺得很開心，因為有鞋子穿我可以走了。可是又發現怎麼只給我一隻鞋子，那另外一隻腳怎麼辦？我想一想就說：「好吧，那我就穿左腳的鞋子，然後跳走好了。」

唉攸威呀，這真是一個內容豐富又情節段落完整的夢。本能的，最吸引我好奇目光的，就是夢裡出現的水龍頭。所以，我忍不住我的好奇，直接從這裡探索進去。我：「……想邀請妳閉上眼睛用手比給我看，讓我知道水龍頭長什麼形狀，然後水是怎麼樣出來的。」❶

緋緋很順暢的閉上眼睛，自然的開始一邊說，一邊用手比給我看：

「它是一體成型的水龍頭，有兩個出口，是平行的。上面的水是很猛烈的，而下面的水龍頭的水量非常少，快停水那種感覺，很像水龍頭沒有關緊，在那邊滴滴滴不出來。」

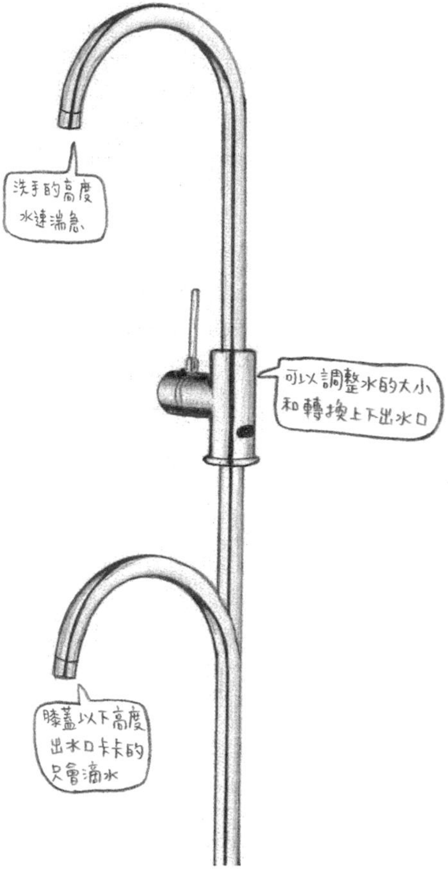


緋緋手繪的水龍頭。這個十分傳神的水龍頭，還有
接下來的鞋子圖，是解夢後緋緋畫了寄給我的。

我好奇著水龍頭，同時，心裡也想著，說不定緋緋會更想探索其他的夢境細節，所以我用力的把自己從**自己的好奇裡**拉出來，想讓主角更主導整個探索歷程。於是，我用下面問句裡的關鍵字「整個」，把視野拉大，讓夢境全景都被看見，然後再來聚焦。

我：「哎呀，真是一個很特別的水龍頭。緋緋，**整個**夢裡面，哪一個細節或是哪一個畫面讓妳最迷惑？」

緋緋：「那一雙涼鞋。它是黃色的鞋子，那一隻左腳的鞋子它的底是這樣子，它這邊有一個大拇趾可以穿進來的地方，這邊有一個帶子……下面踩著的那一塊底，整塊是黃色的。」

我：「緋緋，我要邀請妳閉上眼睛，然後我會跟妳一起好好的看這個鞋子。我要妳想像這個鞋子就在妳的面前，然後我要妳細細的去摸它，手一邊摸，一邊告訴我它所有的細節。然後妳摸到某一個部分的時候如果**有感覺**要告訴我，妳的手可以開始動起來。」

緋緋：「它感覺摸起來……它下面是塑膠，然後摸起來滑滑的，有一點紋路，而且它的紋路好像跟腳的形狀有一點像，彷彿有一個軟的黏土，然後腳踩在上面之

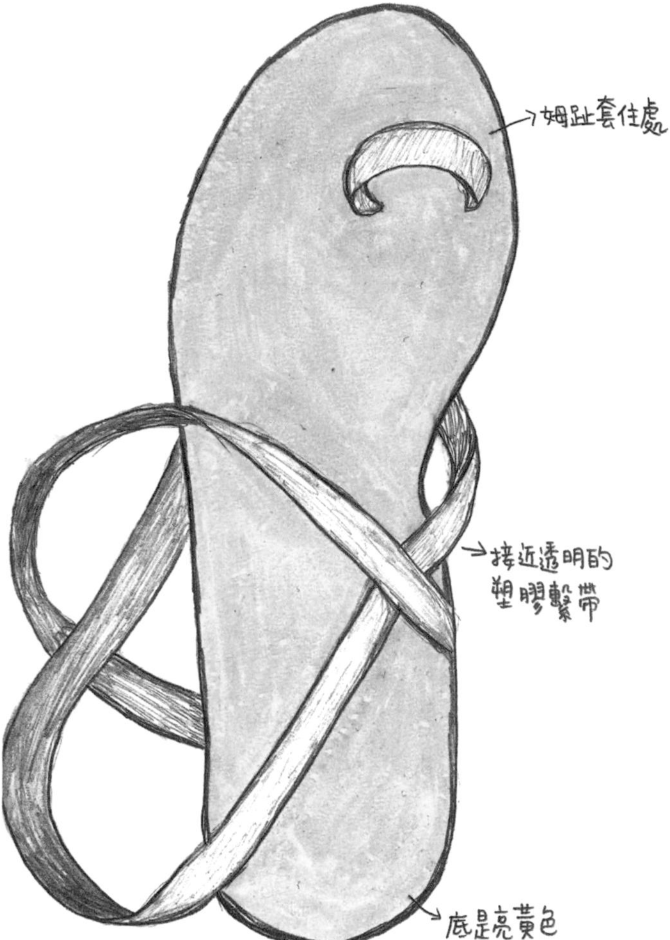


緋緋手繪，很合腳的黃色鞋子夢境圖

後，那邊有一個腳的形狀。它跟我的腳**怎麼感覺好像很合啊！**」

我：「我要妳去感覺那個，好像是黏土做的、跟腳吻合的地方。我要妳輕輕的去摸它，好像在用妳的手跟它說話一樣，越慢越好，隨著呼吸，慢慢的靠近它，去摸，那裡可能有重要的訊息要傳遞……我們不知道是什麼，但是如果我們可以慢慢的去靠近它，說不定有機會多懂它一點點……」

緋緋：「我想到心靈契合的感覺。」

哇，**心靈契合！**這是很少聽到的感覺稱呼。有獨特性的形容詞，常常都是夢境連結的關鍵入口，我一邊興奮著，一邊繼續跟下去：「ＯＫ，心靈契合。我要妳繼續接觸那個感覺……心靈契合，邊摸它，在鞋子的哪一個部分感覺到最契合？」

緋緋：「就是在跟我的腳底連接的那個地方，整個都是合的，超合的……有一種很開心的感覺，然後很舒服。」

我：「ＯＫ，接觸它，接觸那份**開心的感覺**，**心靈契合的感覺**，怎麼會有這樣的一隻鞋子！」

緋緋：「會覺得，怎麼會只有一隻，如果有兩隻該有多好，呵呵……對呀，如果它是一雙的，就圓滿了。」

是ㄚ，如果是一雙的話，那就圓滿了。這麼好的東西，怎麼只有一半呢！我心裡想著，一半、一雙，年輕的歲月，真的就是有著那麼單純又強烈的渴望，真希望可以圓滿……解夢的現場，我在這個地方，竟然忘了問出那個關鍵的連結問句：「那一份開心的感覺，心靈契合的感覺，想要一雙，可是只有一半……有沒有讓妳想到什麼？」

不過，忘了，沒關係，因為潛意識沒有那麼小氣，潛意識不太會斤斤計較的。即使漏了這個，缺了那個，只要陪伴的心在，只要願意繼續努力、繼續好奇著，那些要連起來的，終究會連上。那一份主角與陪伴者真心的好奇張力，會幫助我們繼續靠近潛意識智慧的泉水湧出的那裡。

## 三個形容詞手法來了！

主角最好奇的鞋子探索告一個段落之後，我們轉向一直呼喚我們前去的那個兩個出口的水龍頭！

我：「我們一起來看看那個特別的水龍頭。來，閉上眼睛，給水龍頭三個形容詞。」

緋緋：「ㄟ……可以把東西洗乾淨的、流動的、實用方便的。」

我：「閉上眼睛，做三個深呼吸……可以把東西洗乾淨的、流動的、實用方便的，有沒有讓……緋緋想到……關係裡面的什麼？」

緋緋：「有啊！我剛剛突然想到了！想到我男朋友。」

我：「唉唷～他是實用的喔！」

緋緋：「我從來沒有想過他是實用方便的ㄟ！我沒有想過他是實用方便的ㄟ！怎麼會這樣呢?!對呀！我真的完全沒有發現這件事啊。」❷

我：「實用方便的、可以洗乾淨的、流動的，唉唷！聽起來是高手喔！又可以洗乾淨，又流動……上面很猛烈，下面很微弱……」

緋緋：「對，嗯，我想一下喔，會不會是……水龍頭上跟下，我想到的是開始跟結束……關係的開始跟結束。我們現在其實才剛進入這段關係，所以就像是水龍頭上面。〔我：「很猛烈。」〕對啊！可是我其實有一點擔心後面。〔我：「後來會微弱。」〕對呀！怎麼辦哪……嗯……喔……我在想，水龍頭這一段，應該說的是：我在擔心我們這段關係的未來吧，**唉**……」

唉攸威呀！這樣喔！原來，上面的水龍頭水勢強勁猛烈，說的是剛開始一段親密關係的美好狀態；而下面的水龍頭水很小，說著的是對關係未來的擔心啊！真是傳神又貼近啊。

緋緋剛剛這句話最後的那一聲嘆息「**唉……**」，是夢境打開的那個時刻常有的觸動反應（felt sense）。觸動的意思，是接觸到了潛意識訊息的那個剎那，身體出現了帶著感覺的反應，可能是一個長長的深呼吸，也可能是大吸氣之後的長長的嘆息，也可能是流淚，更常出現的是微笑。當我們深呼吸時，是要用力的，而嘆氣也是一種力量的釋放。那份有感受的嘆氣、接收到訊息時的深呼吸，都在用生命的力量說著，對，是這個。這樣的「Yes」觸動訊息，是解夢過程裡，有一份扎實的發現時（或接觸到了什麼時）會出現的清晰訊息。

夢打開到這裡，已經非常不容易了，也快要靠近尾聲了。我和緋緋的最後一小段對話是這樣的：

我：「好清楚喔！開始猛烈，水很大，洗腳洗起來很涼快、很舒服（緋緋：就是把我洗得很乾淨。），把我洗得很乾淨，嘶～哇～」

緋緋：「不過為什麼原本我的腳會髒了？啊！他把我從一個很髒的地方拉出來，帶到一個乾淨的、我喜歡的適合我的地方，對！應該是這樣……**是這一個。真**

**是太好了！嗯……喔～原來是這樣喔！**為什麼會是我那個朋友拿鞋子來呢？因為那個朋友是造成我們會在一起很重要的人，沒有他的話，我們不可能在一起，我們兩個應該會繼續逃避彼此，會覺得不要在一起，即使很愛對方……因為如果在一起，我們現實有很多可能不適合的地方吧，**但我覺得沒關係，因為我可以單腳跳過去。**」

這一段，陪在一旁的我，幾乎是屏息以待的！短短的一分鐘之內，主角像是自言自語似的說了這麼一整段「覺察含金量超高」的話語。我們倒帶一下，緋緋的運作似乎是這樣的：

「為什麼我的腳會髒了？」緋緋的意識好奇的問了潛意識。

「啊！」緋緋的意識忽然接收到了潛意識的訊息，先「啊」一聲！

「他把我從一個很髒的地方拉出來，帶到一個乾淨的、我喜歡的適合我的地方。」潛意識慷慨的給了這個意想不到的答案。之所以會「意」想不到，很可能是因為單單只透過「意識」思考時，搜尋到的答案會有局限。

「對！應該是這樣。」潛意識給了意識這個原本意想不到的答案，然後意識檢查了一下，確認了一會兒，接著意識像是放鬆了似的點點頭說，對！應該是這樣。

「……是這一個。真是太好了！」緋緋的潛意識與意識又一次彼此確認，然後像是完成合作的慶功宴上頭的乾杯暢飲一樣，一起說：「是這一個，真是太好了。」

「嗯……喔～原來是這樣喔！為什麼會是我那個朋友拿鞋子來呢？因為那個朋友……」緋緋的內在運作在這裡流暢極了，在上頭的第一個發現那裡並沒有停留太久，幾乎是無縫接軌的，就走到下一個好奇。這句話，很類似倒裝句，最前頭的「嗯」，是正在想著為什麼的「嗯……」，然後，緋緋心裡想出了「為什麼會是我那個朋友拿鞋子來呢？」的答案（「因為那個朋友……」）。而在那個一想出來的剎那，脫口而出的是讚嘆的：「喔～原來是這樣喔！」

「……但我覺得沒關係，因為我可以單腳跳過去。」這樣咚咚咚的，意識與潛意識一串訊息交換與確認，最後，像是截圖似的，捧起了原始夢境裡的單腳跳畫面，為自己此段生命現狀，下了一個新決定：「我可以單腳跳過去。」

陪伴解夢走到這裡，我讚嘆到幾乎是說不出話來了。前頭慢慢緩緩的陪伴，一起探索，在最後短短的幾分鐘裡，主角拾起了重要的一片拼圖之後，咚咚咚地，瞬間拼起了一連串的拼圖；瞬間，「為什麼會是那個朋友拿鞋子來？」❸ 解開了。為什麼是單腳跳？不只解開，還提供了接下來人生的新的行動指引，真是太珍貴了！

等待夢打開的時刻，就好像爬上高山等待日出的心情。當第一道光從山巒那裡輕輕悄悄的露出一個笑臉，停在這裡，停在那個時刻，有時候是最美好的選擇。這段解夢陪伴，就在最後幾句對話裡畫下了一個逗點。

哈克：「真是美麗的畫面！潛意識就說，啊，這樣，單腳跳啊！……今天先到這裡，好嗎？」

緋緋：「噢，好！嗯！」

哈克：「好漂亮的夢，我們今天先這樣，回家會繼續跑。這個夢很精采，我會跟妳持續的寫 email，然後追蹤妳的夢。有什麼新發現就寫下來，有看見什麼畫面就把它畫下來，這以後如果有機會出書會很精采……」

緋緋：「嗯！」

解夢這樣的潛意識探索路途，身為陪伴者，我們能陪的，常常只能到逗點。因為潛意識的大門一旦開啟，接下來，還有一個又一個逗點，甚至一個又一個驚嘆號等著到來！這段陪伴解夢過後，三四個月的時間裡，我後續和緋緋來來回回了好幾封信，內容都好好的記錄了下來，在我二〇一六年即將出版的《經典解夢實錄》裡，將會完整呈現。

**解夢練習：經典手法三訣竅**

接下來，想像重來一次陪著緋緋解同樣這個夢，我們來看看，如果使用上頭說到的三個解夢訣竅，會是什麼模樣。如果想先自己練習一下，可以在接下來的空白處，寫下自己想要好奇的問句。寫好之後，再翻頁參考一下哈克熟悉順手的問法。

**（1）三個形容詞手法：**

「……」

**（2）扮演手法：**

「……」

**（3）摘要手法：**

「……」

## 哈克熟悉順手的問法

如果讓我有重來一次陪伴主角的機會，我會像下頭這樣使用解夢訣竅三手法：

### 三個形容詞手法

「妳剛剛說到那個黃色的鞋子，如果給這個鞋子三個形容詞，妳會說這個鞋子是……」

主角說出了三個形容詞之後，接著問：「喔，……的、……的、……的，這樣的形容，有沒有讓妳想到自己的什麼？可能是生活裡遇到的人，或者是自己的某一個部分……有沒有什麼浮現……或者從腦海裡跑出來？」

### 扮演手法

「聽妳的夢，那個兩個出口的水龍頭實在太吸引人了。我想請妳閉上眼睛，扮演一下水龍頭，用第一人稱口白的方式開始說：『我是水龍頭，我……』」

主角說出那些扮演的話語之後，接著問：「喔，……，有沒有讓妳想到什麼？

可能是生活裡的掙扎，或者是遇見的兩種情形，或者是碰到的兩種人，或者是一個人的兩個部分？」

## 摘要手法

**故事軸線摘要：**

「要不要試試看這樣的說法：『剛開始啊，好像不太舒服（因為腳髒了）；到了中間，似乎看見一個清洗乾淨的可能性（發現水龍頭）；後來找到一個折衷的方法（一隻鞋子出現，決定單腳跳）……』這個，有沒有讓妳想到生活中的什麼呢？」

**感覺摘要：**

「剛剛聽妳的夢，我聽到有一個感覺不只一次出現。水龍頭兩個出口，上面水量充沛，下面卻卡卡的，好像有一種**可惜**的感覺；然後，黃色鞋子那裡，好像只有一隻，怎麼不是一雙呢！這裡也似乎有可惜、惋惜、不夠圓滿的感覺。不知道這樣說，有沒有讓妳想到最近遇見的什麼？或者，什麼，讓妳心裡感覺到，如果更圓滿一些，就實在是太好了……」

## 如果不著急，潛意識的水量就可能很豐沛

二〇一四年底，在北台灣，我帶了一場三天的解夢工作坊。最後一天帶完，回到台中的家，收到一位在場的朋友寄來的信。在書寫這本書的此時，又重看一次這封我珍愛的信，依然眼眶濕濕、觸動處處，因為這封信裡，把我這幾年來很想講清楚的東西，用柔美的形容給說了出來。Part 4的最後，來一起享用這封信裡最精采的部分：

……是一種觸動，一種身體的呼喚，當你掉進去那個時刻，你全身的毛細孔會大喊，是的，就是這個悸動，一份想要被好好記住的感動。

原來「懂了」，會出現這種表情！原來「啊哈」，要從準備、澄清、聚焦、連結、發現，一點點、一步步，帶著善意的問！

準備，如果多一些；準備，如果多份心；準備，如果不著急，潛意識的水量就可能很豐沛，滋養心靈的稻田，收割剛剛好的頓悟。

那些模糊、不精確的暗示，「如果」「會不會」「說不定」「搞不好」

……原來是要給潛意識更大的空間，攤開摺疊的天空，找到最舒服的落腳處。同時，集中火力謝謝潛意識，被稱讚後的潛意識會更慷慨，給出更多訊息，讓你靠自己更近。當你學會如何好好陪伴潛意識，你便擁有經營關係的能力，懂得尊重、欣賞那些在你意料之外的美好。

---

❶ 邀請主角「閉上眼睛，用手比給我看」這樣的手法，其實跟扮演手法非常接近。這兩個手法的使用，都是在想辦法讓主角盡可能地、身歷情境地融入某個夢境畫面。

❷ 緋緋在解夢之後的信件來回裡，補充自己看到這一段發現時的內在狀態。緋緋這樣描述自己：「這邊我真的是一個很傻眼的狀態，正常人會覺得自己的另一半很實用方便嗎！聽到這種形容詞應該會很想打對方一頓吧！『居然敢說我是實用方便的……』之類的。我所謂的實用方便，其實是覺得他可以幫我解決和阻擋很多生活中不必要的麻煩和困擾（很實用吧～），而且一遇到問題我都還沒發現那是個問題，更不用說去想要怎麼解決的時候，他就已經都妥善處理一切了（很方便吧～），大概是這種類型的實用方便。」

❸ 在解夢之後的信件裡，緋緋這樣描述自己看到這一段時的內在狀態：「這邊我覺得超強的，因為那

個朋友真的是導致我和我男朋友交往的關鍵角色（媒人的功能）。原本我和我男朋友在一起之前是彼此逃避，是我的朋友跑出來幫我分析這段感情和我心裡的感受，叫我一定要和對方說清楚，也跑去和我男朋友說不可以再逃避了，要勇敢面對一切，所以我們才願意面對彼此的感情。而後續的單腳跳過去，則是我在夢境裡的真實感受，因為那時候我在夢裡看到只有一隻鞋子時，我心裡就是覺得：『單腳跳就單腳跳啊！怕你喔！』所以我覺得這個段落的連結是完全解開的。」

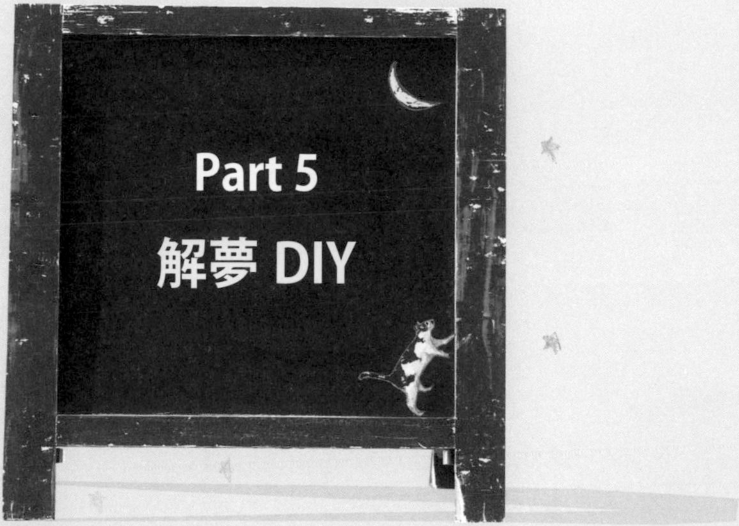
Part 5
解夢 DIY

夢，是我一直無法忘懷的主題。

還記得大四那年，還在清大念電機系的時候，我跑去山坡上的人文社會學院，修了我的恩師宋文里老師四五堂精采的課，開始嚐到心理學的酸甜滋味，其中特別讓我難以忘懷的，是社會人類研究所開的那堂跟夢有關係的課。那一年，是十八歲以後的我，第一次願意捨棄戀愛的甜美與刺激，把時間拿來研究夢。那個身形瘦長（當年只有五十八公斤乀！）的我，坐在狹狹窄窄的租屋處那個床邊角落的矮書桌，一整個月，認真讀原典，認真寫夢、記夢、畫夢，認真解自己的怪夢，解了一層又一層……呵呵，真的愛死了「夢」這個又詭異又迷人的東西！

一個月後，我赫然發現，那個難得停止談戀愛的我，竟然可以讀完那麼多本原文書，徒手寫出一兩萬字的期末報告，還偷偷的發展了一個屬於我自己的解夢結構。那年我二十二歲，在電機系那個理性思考至上的氛圍環境裡，我根本不是個咖；那一年我二十二歲，在心理治療的世界裡，我偷偷的萌芽著，準備著下一刻大口吸氧氣，奮力的抽出枝葉。

那段二十幾歲時的歲月，真的不太有勇氣與信心幫別人解夢。於是，認真的記錄一個又一個自己的夢，那是我人生很剛開始的幫自己解夢。而靠近這本解夢書出版的這一年，我四十五歲了。二十幾年，我大概陪伴過上百人解過將近兩百個夢。而我自己的夢，夢醒床邊，依然是我幫自己解夢的寬闊天地。

生命裡，總是來了一個又一個的小選擇。我們後來活成什麼模樣，常常是在這些迎面而來的獨特選擇之後，一點點捏成的。下頭這個和人生選擇很有關的夢「甘蔗汁的夢」，淺顯易懂又有點好笑，很想拿出來和大家分享。

# 「甘蔗汁的夢」

夏天的一個很平常的傍晚，我很興奮的在廚房旁邊，大聲的跟夫人說：「我跟你講喔，清大請我回去，對全校新生講《做自己，還是做罐頭？》這本書耶！」

那會是在我長大的清華大學校園，我躊躇迴轉千回的成功湖畔啊！那個大禮堂，正是我大學四年，週五晚上看張藝謀導演的電影《活著》、看電影《無卵頭家》裡的開場白「失去懶趴的人，才知道懶趴的可貴……」就笑聲傳遍一千多人的大禮堂啊～

我心裡呼喊著：「我要去我要去，我要回去講『Trust your experiencing!』（信任我正經驗的）。」這一整段都是我心裡的OS，澎湃洶湧啊。

廚房裡正忙著的夫人，頭也沒有回的，丟給了我一句：「可是你上次回母校彰

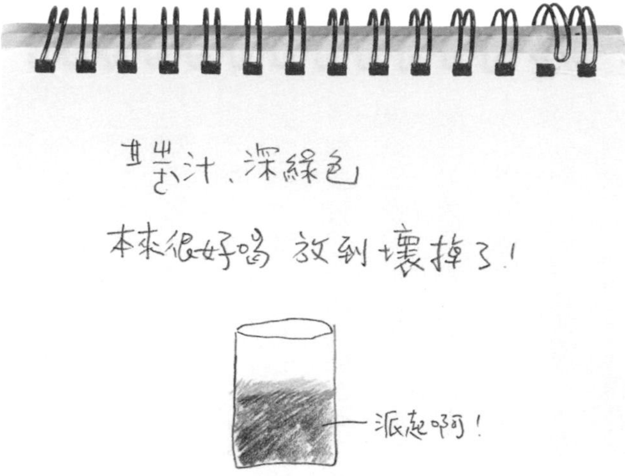


二〇一四年夏天，我自己記下的「甘蔗汁的夢」。

師大演講，胃痛回來ㄟ，你確定……」

哎呀，也對。很想去，也知道要再感覺看看。

好。這個「感覺看看」，就是傾聽聲音的好時機。我決定，等一夜，再來回覆清大的邀約信。夜裡，夢來了，這個短短但強而有力的夢，是這樣的：

匆匆忙忙的我，外帶了熱湯和飯回到住的地方，角落裡擺著原本很香醇很好喝，但已經放到壞掉了的深綠色甘蔗汁……

夢醒，清晨，我在床上解自己的夢。我這樣自問自答著：

「來，給甘蔗汁三個形容詞。」

「自然的、當季的、香甜可口的。」

「好，自然的、當季的、香甜可口的，有沒有想到什麼？」

「厚！自然的、當季的、香甜可口的，太清楚了，說的就是『寫解夢書』這件事。潛意識提醒著我，不要放著不寫，跑去做別的事情，一不小心這個自然的、香甜可口的好東西（寫出解夢書）就放過期了，少了當季的鮮美滋味，就可惜了這段歲月的味道了。」

「好，來，扮演一下『外帶的熱湯和飯』。」

「我是外帶的熱湯和飯，我是一大鍋煮好的，很多人都會一起享用我，然後來的人總是匆匆忙忙，付完錢就趕著離開……」

「一大鍋煮好的，很多人都會一起享用我，來的人總是匆匆忙忙，趕著離開……這樣的說法，有沒有想到最近的什麼？」

「哈哈！太精準了！我的潛意識真是輕巧又聰明啊，竟然這麼貼切，用外帶的熱湯和飯，來說我正在掙扎要不要接下的『大型演講』！清大新生訓練的大型演講，不就是很多學生都會一起享用我的演講內容。然後，來的人總是匆匆忙忙，趕著離開……新生訓練，當然會匆匆忙忙趕著離開囉，當過大一新生都知道，等一下還有迎新，還有宿營，還有舞會，還有……」

呵呵，清楚的潛意識訊息，就在短短的起床後五分鐘，幾乎完全解開這個夢。潛意識跟我說：

「當季的甘蔗汁，就這一季，就是屬於自己這段歲月，最自然可口的了。既然想把這本解夢書寫出來已經醞釀五六年了，那就好好的、專注的，寫出來吧！而那些外帶的，那些匆忙的、聽的人會想趕著離開的大型演講，很可能，不怎麼適合這段日子的自己啊。」

夢的訊息來了，**聽到了，那．就．聽**。

於是，就在那天早上，我打了電話，謝謝熱情邀請我的清大老師，然後說：「今年我還沒有準備好，會太匆忙，明年或後年，看看有沒有合適的機會，我再回去母校分享。」

跟清大的老師說完電話，我閉上了眼睛，這樣跟自己說：

「親愛的自己，親愛的思念的大禮堂、成功湖，我有一天會回去。如果有那麼一天，當我可以像林懷民、劉若瑀一樣，拿著麥克風就能安在又安靜地說著話，有享受又不會太折磨時，我想，我會回到我的母校、我長大的那裡，把當年遺落在那裡的十八歲、十九歲、二十歲、二十一歲、二十二歲的自己，好好帶回來。」

# 親手烘焙的手作餅乾——解夢DIY

夢，有朋友陪著解，是一件很幸福的事情。而夢，如果自己能解開新鮮上架的自己的小怪夢，真是一件有趣極了的事。

幫自己解夢，像是在家裡的小烤箱，細心烘焙著手作的小餅乾。潛意識給了的夢，正好就是那揉好的麵團，用手掌朝上的兩隻手珍惜的捧著，送進溫度剛剛好的烤箱裡，輕輕蓋上烤箱的透明前蓋，然後眼睛盯著從透明前蓋看進去的烤箱裡面，充滿期待地看著淺色的麵團逐漸的變成上了色的香脆小餅乾。而那不知不覺已經透了出來的餅乾香味，讓這個烤箱一不小心就有一種心情叫作：「今天烘焙出的餅乾真是美妙啊！」

在說說解夢DIY三步驟之前，先來說一個可愛的小夢，那是二〇一四年底某個清晨做的夢。那個年底，正是我卯足全力寫著這本解夢書的日子，夢境內容是這樣的：

我中了一個獎，被通知說可以去使用三個很特別的房間。在一個白色淺色的像是法國莊園的建築，每一個房間的門啊、燈啊、櫃子啊，都是關起來的，我要去把它們統統打開。我花了不少時間一個一個房間打開燈、打開門、打開櫥子，有些櫥子有點隱密，所以慢慢的想到方法，然後很快速的把它們打開。

三個房間的衣櫃都打開之後，發現裡面的東西都是很有意思又很有趣的配件，而且是一般人都可以玩的。像是很別致的帽子，或是很特別的那種衣服，是平常不會穿的，可是搭配起來會很有意思。然後我把三個房間統統都準備好，統統都打開了之後，就到門口去歡迎來訪的人們，就有人很開心的進來，然後我就說：「歡迎歡迎，這裡很好玩喔！」

眼尖的朋友們，大概已經猜到這個夢在說什麼了。我花了將近二十年的歲月在夢的世界裡打滾，累積了不少的實戰經驗之後，很想很想把這個我珍惜的潛意識的大獎，變成一個法國莊園裡的獨棟建築，並且準備好三個房間（這三個房間正好就是接下來要呈現的解夢DIY三步驟），讓想來的朋友們，可以用自行選擇搭配衣服配件的方法，豐富自己的模樣。我真心的跟對潛意識有興趣的朋友，說著：「歡迎歡迎，這裡很好玩喔！」

這個夢，夢醒之後的那個早晨，在台東我常去寫作的海邊民宿，吹著太平洋的風，寫出了下頭的DIY解夢ABC三步驟。

## 解夢DIY三步驟

### A 給三個形容詞

問自己：**「用三個形容詞來說說夢裡最好奇的部分，會是……。這樣的形容，讓我想到的，是什麼？」**

### B 直接扮演

接下來，挑一個夢裡最想要知道那到底在說什麼的部分或角色，然後直接開始扮演：**「我是……，我……，……。」**扮演完之後，閉上眼睛，深呼吸，然後問自己：**「剛剛這樣的說法，會不會是潛意識正在跟我說什麼？」**

A與B，都很適合在夢醒的時刻就直接在床邊或刷牙時就操作了。有時候，很可能做完A＋B，已經讓你解開自己的夢了。甚至，在越來越熟練之後，也可能只有單單做了A，就已經打開夢的主要大門了。同時，如果走完B，依然沒有「登登登」或「啊哈啊哈」的解開感受，那麼，來去C一下。

## C 讓直覺甦醒

C這個步驟，需要多一些時間，所以如果早上夢醒時，需要出門而沒有時光可以慢慢往下懂自己，那麼，就建議把夢的主要內容快速的寫在紙上，像是剛剛那個甘蔗汁的記夢，一些文字描述，加上簡單的圖像，或者也可以錄音在手機裡。然後，找時間進行DIY解夢的最後一個C步驟。

步驟C，有兩種選擇，一個比較動態，一個比較靜態。

動態的方法是，去散步二十～三十分鐘，或去運動超過四十分鐘。然後，在散步走到很舒服，或運動到很暢快的時候，在回家的路上，或者是洗澡淋浴的時候，再問一次：

「那三個形容詞啊，讓我想到什麼？」

「早上扮演的那個，我是……，我……，……，會不會是潛意識正在提醒我什麼？」

而靜態的呢，是找一個安靜舒服的角落，閉上眼睛，聽一段這本書附的ＣＤ裡的音軌二，「活化潛意識」，讓自己的直覺知道是被歡迎的、讓自己的潛意識知道是被迎接的，因而，甦醒了活化了起來。或者，也可以聽哈克第二本書《讓愛成為一種能力》裡的ＣＤ的音軌二「清洗內在寶石」。聽完之後，眼睛繼續閉著，然後問自己：「這個夢，在跟我說什麼呢？」

接下來，用下頭這個「長長的白色梯子」的夢，更清晰的說明ＤＩＹ解夢的ＡＢＣ三步驟。

# 「長長的白色梯子」——解夢DIY三步驟運用實例

二〇一四年的一月底，過年前，夜裡來了這個情緒鮮明、畫面聳動的夢，夢裡的畫面與情節是這樣的：

我爬著一個高塔，正站在高塔的中段，身體下頭是高塔的前段。一整個前段都是水泥做的，前段都是有階梯或是有扶手的；而身體上面那一段，也就是高塔的後段，是一大段白色的梯子朝天上去，梯子的質料像是白色的鐵或金屬。梯子很細，細到當我往上爬的時候，我的手肘和手臂都要很靠近胸口這樣子抓著梯子（有點像是擠出乳溝的動作），才可以往上爬，所以是要很小心的爬。

然後，風很大，梯子很高，其實是危險的，可是我的左手拿著六本書。六本書有點厚，所以我的手指頭是整個張開的握著書，大拇指跟四隻手指頭都是分開的，

是吃力的抓著。

在夢裡，我一直想要把這六本書放進我胸口的袋子裡面。我有一件大學時登山穿的紅色大衣，那件衣服的肚子位置那裡有個紅色的袋子，如果可以放在紅色的袋子裡，就可以繼續好好的、安全的往上爬。可是那個袋子不夠大，放不進六本書，身體就卡在半空中。我心裡擔心著，覺得接下來往上爬會危險，可是又放不下這六本書

夢醒床邊，早晨七點多，我用左手多拉了床上的一個枕頭過來，**墊著背，讓身體可以微微坐起。**

躺著，是睡覺的姿勢，睡覺正好是潛意識創造夢、產生夢的園地；而用枕頭墊著背微微坐起，讓後腦杓剛好稍微離開了睡覺用的枕頭，正是用著身體的姿勢，讓意識帶著一個合適的對話距離，對潛意識說：「我來了解你囉！」很像是一份親切溫柔的邀請，意識邀請著潛意識一起來說說話，彼此了解。

## A 給三個形容詞

**「用三個形容詞來說說夢裡最好奇的部分，會是……。這樣的形容，讓我想到的，是什麼？」**

我最好奇的，就是爬著白色長長的梯子。所以，微微坐起的我，自問自答著：

「用三個形容詞來說爬著白色長長的梯子，我會怎麼形容呢？」

「嗯嗯，前段來時路穩定好爬、後來往上的路要小心，嗯嗯，還有，白色是珍貴的。」

「好，前段來時路穩定好爬、後來往上的路要小心、白色是珍貴的，這樣的描述，有沒有可能會是說著我自己生命裡的什麼？」

問句一落，眼球快速轉了兩三圈，腦海突然冒出了這個念頭：「哎呀！前段梯子，水泥做的、有扶手的、有階梯的梯子，說的是我四十五歲以前的歲月，有支持、有鼓勵、有步驟、有順序得以依循前行的歲月。而後段高聳入雲霄的梯子，說的是四十五歲以後的歲月，說的是天很高、風很大，要好好使用雙手、好好使力，才能迎風昂首的下半生。」

意識一聽見這個潛意識傳來的強烈訊息，身體瞬間打了一個寒顫，抖了好大一下，雞皮疙瘩全上來了。唉攸威呀，身體的反應實在是很強烈！而強烈的身體反應，通常說的是大大的「Yes」，意思是這個跳出來、冒出來的答案，很可能正是潛意識透過夢，要傳達出來的。

當我們完整的接收著也歡迎著潛意識浮上的訊息之後，接下來只要繼續好奇，後面的訊息常常會歡天喜地的自己往上跳！

## B 挑夢裡最想要知道的部分，直接扮演

「六本書」，夢裡的六本書，是我超好奇的，特別是「六」這個數字。於是我閉上眼睛，開始直接扮演：

「我是那六本書，每一本都挺有內容、都不薄、都有重量、都很重要，可是，

好像我的主人一時之間無法同時穩穩的握住我們這六本書。如果，是三本，就可以剛剛好放進那件紅色大衣的袋子裡，那手就可以穩穩的往上爬了……」

閉上眼睛，深呼吸做準備，然後繼續往下問自己：「剛剛這樣的說法，會不會是潛意識正在跟我說什麼？」

哎呀！問句才剛一落，潛意識的答案真的幾乎無接縫的浮上心頭：

「在爬著這樣白色的梯子的同時，左手拿著有點厚的那六本書，正好就是我已經出版的兩本書，加上正在書寫、很想趕快出版的四本書。」

哈哈，真是太傳神了！我在床邊自己笑了出來！因為做這個夢的前一晚，心裡正想著關於出書這件事。二〇一二年、二〇一三年連續兩年，我各出了第一本書《做自己，還是做罐頭？》，與第二本書《讓愛成為一種能力》。

那個早晨，床邊努力解著自己的夢的我，心裡想著，哎呀，已經出版的兩本書，加上我接下來想寫的四本書（包括：《陪一顆心長大》、解夢書《你的夢，你的力量》，以及爸爸的鬼點子、《經典解夢實錄》），不就剛好是夢裡出現的關鍵數字「六」本嗎！

「那，可是寫書是好事啊，為什麼夢裡左手拿著六本書，會出現卡住、擔心、危險的感覺呢？」我這樣繼續問自己。臥房外，傳來女兒起床的聲音，我等不到潛意識的答案，決定先來去照顧孩子了。

於是，開始著一天的平凡流程，也提醒著自己，傍晚時分找個時段來去散散步，活化一下潛意識，好讓這個感覺上挺重要的夢，可以被自己更懂。

## C 讓直覺甦醒

**去散步或運動，然後在身體暢快時再問一次：「這個夢在跟我說什麼？」**

於是，傍晚，我走在住家旁幾棵大大的鳳凰木下，走著走著，邊想著早上我自己對那六本書的描述：

「六本書，每一本都有厚度、都很重要，可是，加起來太厚握不穩……如果是三本，就剛剛好放進紅色大衣的袋子……」

數字三、數字六，這兩個數字實在是很有意思。數字常常都**不是湊巧**出現在夢裡，通常都很有含意的。我在心裡低吟著「六」「三」「六」「三」，潛意識會不會在跟我說什麼呢？

忽然，我記起了半年前，似乎答應過潛意識，先寫三本書就好了，因為二〇一三年剛出第二本書的我，曾經做了另一個夢：「穿三件就好了啊」。短短的夢境表達的意思超級直接，那個三件衣服的夢境是這樣的：

夢裡，我穿了很多件衣服，好像是五件還是六件，可是好像穿太多了，不好活動，所以就著急著要脫掉太多的衣服。脫著衣服的我，心裡嘀咕著：「到底在幹嘛啦！你白癡啊！穿三件就好，幹嘛穿六件？」

所以，六件衣服的「六」這個數字，跟爬梯子手裡拿著六本書的「六」，**竟然在半年之內，重複出現在兩個不同的夢裡**。很可能，是潛意識不厭其煩的，再一次跟那個火力全開投入書寫的我說：「不要沒事寫那麼多本書，先寫三本吧！」既然在不同的夢裡重複出現了兩次「六」這個數字，潛意識訊息就真的不是在開玩笑了！是需要好好認真傾聽的。

可是（我跟大家一樣，也是會有可是的），問題是，我擋不住自己寫書。因為「解夢書」（就是現在你拿在手裡正在閱讀的這本）與《經典解夢實錄》兩本書，再不寫，心裡的流就快要過去了。而且，我很希望接下來帶解夢工作坊的時候，成員們都可以好好的先有這本解夢書可以讀，然後更完整的體驗工作坊裡的小組解夢練習。這對我來說，會是非常快樂的事情，能夠帶一群人跟潛意識接近，而他們在家裡就因為讀了解夢書，已經先準備好多了。

然後，「爸爸的鬼點子」這本書，正好是孩子還小的這段歲月，我超級想要記錄下來的美好畫面，不寫，難受啊！

唉攸威呀，我知道了！這個夢不是跟我說不要寫六本書、不是不要一直努力寫那麼多書，而是跟我說：不要「急著」寫到第六本書，而是先好好的完成前三本就好了。

潛意識透過夢，跟我說著：「想做的事太多，不做會可惜的事太多，所以身上帶了太多的東西，都放不下來，都輕鬆不起來，就一直帶著……這人生的梯子，往上爬的路不好爬喔，不好爬喔，兩隻手要抓好，抓好那個小小的通往天空的梯子。」

夢裡，手抓著梯子的欄杆，姿勢上是兩手靠著中間使力，是一份核心的力量。夢提醒著我，要回來**使我自己生命的力**。原來，潛意識這樣不厭其煩的，又一次提醒著我：「不要顧太多、不要帶太多在身上，記得，要小心使力。」想著想著，深呼吸一路上都沒停……深呼吸上來，總是說著，是丫，真的是。

這幾年，因為很想寫書，決定開始少帶我熱愛的工作坊，而現在就真的多寫書了，可是潛意識在這個時刻說話了。潛意識大聲的跟我說，好像也不能這樣少帶工作坊喔。我猜，因為工作坊是實際與人深刻互動的場域，帶來珍貴的生命體會、生命的經歷。或者說，一天一天好好的活，用心投入的帶一場一場工作坊，都是我的養分，都是我力量的來源。**然後**（這個「然後」就是整個夢的關鍵了），書其實是一個產出，是果實；而使用自己的力氣，在工作坊帶領裡接觸真實的生命經驗，才是土地。

哎呀！我越來越懂這個夢在說什麼了！書寫，是產出的果實，書寫的果實如果落地，又成為土地的生命的養分，是交錯發生、彼此滋養的。理解到這裡，很有意思的，夢境畫面自動地發生了一個新的演化，心裡浮現一個活跳跳的隱喻畫面：我看到在梯子上的我，背著那種貼身的小背包，背在後頭，背在**身後**。而那六本書，被好好的放進那背包裡，而不是緊握在手裡。

「背在身後的意思指的是？」我又繼續問自己。

「……啊，生命先走。啊，對，是，**生命先行**，**書寫後到**。書寫後到，在後頭，背在肩上，所以，眼睛要看的不是手上的書，眼睛要看生命，眼睛要看生命，要看歲月，要看人，然後寫書是背後的東西，寫書這件事是讓它自然發生，發生在真實的生命體驗之後。因為要寫的是有生命的書，所以眼睛要看著生命，這樣才會寫出有生命感的書啊！」

這個新跳出來的背包的隱喻畫面，說著：「生命先行，書寫在後。書，背在身後的背包吧！」而「身後」這兩個中文字，正好有另一個含意，是生命結束之後。是Y，影響常常發生在身後，不要急著現在就要發生，不要急著現在就發生。年輕的一輩，有一天我走了，說不定都還是可以繼續推薦我的書給學生看。

對，身後，背在身後，我握太緊了啦，握太緊了……四十五歲這一年，做了這個長長白色梯子的夢，用了簡單又好操作的解夢 DIY 三步驟，更懂了這個夢，也更懂了歲月給我的提醒。聽見了提醒，於是可以開始新的準備，用新的腳步與移動方式，來面對接下來的人生下半場。

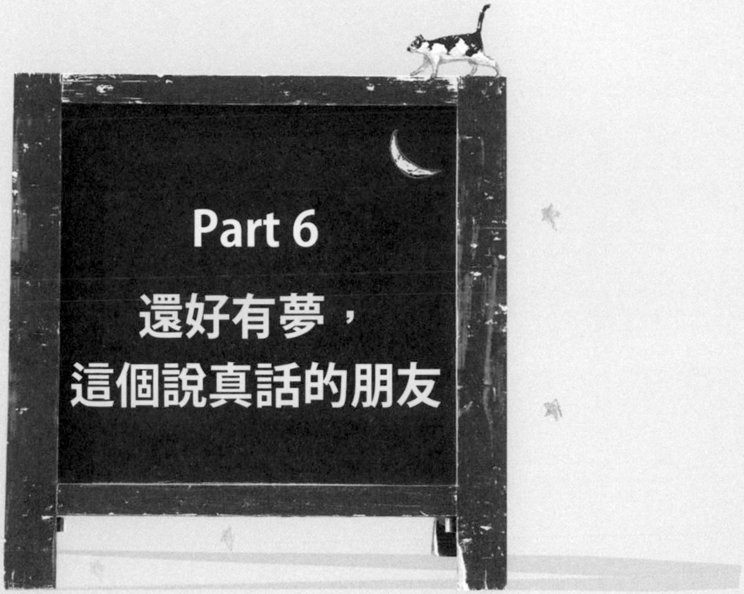
Part 6
還好有夢，
這個說真話的朋友

有時候，夢真的很怪，怪到讓人想破頭也不知道是什麼意思；有時候，夢很調皮，明明就覺得這個夢有在說點什麼，但潛意識硬是藏著小祕密不肯輕易透露。也就因為夢如此特別，讓我一頭栽進這個潛意識的領域，一晃眼就是二十幾年。

夢在我生命裡的角色，很像一個願意說真話的好朋友，總是在我被塵埃蓋住看不見光亮的時刻，用一盞燭光，或一道從雲堆鑽出的陽光，給了我一份意想不到又深呼吸收下的指引。

# 「夢」跟我們說真話、傳新意

人生的前半部，我從事諮商輔導工作，學習的是陪伴與協助改變的專業。人們常會在心情不好、難受掙扎的時候，來找尋諮商輔導專業的幫忙，這讓我常常覺得諮商心理工作真的有一大半是在「渡苦」，也就是陪伴受苦的生命，讓他們可以離苦遠一些，度過難受掙扎的歲月。而解夢，是眾多陪伴與改變的路徑裡，少數又少數不是只有「渡苦」的。

如果不只是渡苦，那夢給了我們的，多了什麼呢？我們一起，從這本書裡前面的七個夢來找答案！

1. **當長浪席捲而來：**

縱橫商場的邱大哥，一邊泡茶、一邊聊天的時光裡，忽然懂了，長浪來了的時候，要爬向山頂，還是要迎向海洋，是兩個事業經營方向的選項。長浪，說的是經濟挑戰嚴苛的時刻正在到來；爬向山頂，說的是要深耕台灣市場；而迎向海洋，說的是經營海外市場。夢境給了清晰的方向：「先爬向山頂深耕台灣，然後再迎向海洋賺阿兜ㄚ的錢。」就這樣，夢大方慷慨的給了邱大哥這麼一個**新的指引方向**。

2. **找肉鬆的夢：**

潛意識透過在超級市場著急地找著那罐肉鬆，把夫人心裡頭那些說不出來的對老公的擔心，給表達了出來。原來，是這麼擔心喔！原來，是這麼在意喔！是一份**新的覺察**，也在懂了夢的同時，傳出了關愛。

3. **收不完的雜物：**

國中同學的妹妹瑰曲，在收不完的雜物的重複夢境裡，發現原來夢跟她說的是，那些表面的人際互動、那些雜亂的繁複的細節，不再是當下的自己需要收下的了。於是就這樣，打從心底有了一個**新的決定**，決定接下來的人生，單純就很美好，看著女兒穿襪子可愛的模樣就很美好。

**4. 煎牛排的夢：**

在夢裡因為急著去回答是非選擇題，而沒能專心煎牛排的情節，讓小蔡深呼吸的理解到，潛意識提醒他要好好的選主菜，好好的煎牛排，好好回答那些關於人生使命的問答題，還有那些在生命結束之前真的想好好做的操作題。**人生新的重心**，就這樣被安心的給確定下來了。

**5. 準備發射的小火箭：**

年輕的女子小粉紅，從對白色炸彈的害怕，慢慢的走到後來，聽見愛她的阿嬤溫柔地鼓勵著說：「嘸免驚！妳叨勇敢去愛！」因為聽到了愛的人鼓舞自己勇敢去愛，於是**多了一份篤定感**，**帶著力量往前走去**。

**6. 掉牙齒的夢：**

即將結婚的雲朵兒，夢見掉牙齒與乾掉的隱形眼鏡，潛意識充滿創意地，用牙齒的「掉下來」，訴說著新的人生階段裡遍尋不著位置。同時，潛意識提醒著她，面臨就在眼前的人生新的階段，舊的框框已經不適用了、不管用了，於是，找到一個新的位置、新的視框，成了雲朵兒**新的人生任務**。

### 7. 猛鬼敲門的夢：

原本只要用直覺、用單純可愛的自己，就可以活得挺好的小兔，就在新婚之後、生下第一胎之前，透過猛鬼敲門的夢，聽見原來那個咚咚咚的敲門聲，是要叫醒她、提醒她：是時候了，用點腦子過生活。於是，**一個很實際的新方向忽然立體了起來**，小兔開始願意學會理財、精打細算，也擁有了一條新的圍裙，圍在腰上變成了兔媽媽。圍裙可以擦手，可以抹油，可以保護到最珍惜的肚子上的純潔白毛。

這樣七個珍貴的夢，一路讀下來，真的都不只有「渡苦」。

這七個夢，都讓我們有機會看見：「**生命這個時刻，我真正要的是什麼？**」也就是說，大部分的夢境，都有機會帶給我們新的覺察，於是，我們懂了這個歲月的時刻要「收什麼」進來、「放什麼」進去、「歡迎什麼」來到。於是，新的方向、新的位置、新的任務、新的人生經營方向就呼之欲出了！

## 懂夢八不

夢境的組成，像是各種形狀、各種大小、各種顏色、各種海拔、各種材質的漂流木，很巧很巧的在夜晚聚集在一起，成了這個獨特且無二的夢。有一天在台東太平洋的海邊，進行清晨安靜練習時，我忽然想到下頭這個懂夢口訣。金庸的武俠小說有《天龍八部》，而哈克理解的解夢武林裡，剛好也有「懂夢八不」。要想靠近一個夢，我們……

**不能硬闖，也不能空等；**
**不能粗心，也不能只有纏繞細節；**
**不能憑空猜測，也不能只根據客觀證據；**
**不能太認真專注，也不能太弛緩放鬆。**

（ㄟ！好像談戀愛也是這樣耶！）

解夢，是潛意識工作裡，又精細又迷人的領域。想透過夢來更懂一顆心，真的不能硬闖，也真的也不能只有空等。一旦施展蠻力硬闖，那個敏感精緻的大門，會瞬間關緊、鎖緊。硬闖的蠻力，常常只呼喚出更大反作用力的關與鎖；而空等，表面上看似給出了大大的空間，可是缺少了好奇與親近，潛意識的大門，常常習慣性的不為所動。

解夢時，如果粗心，會繞不過潛意識的精細迷宮；反過來說，如果密密纏繞細節，又無法看見夢境正要傳遞的那些和生命季節有關的智慧大畫面。於是，我們要做的是一邊呼喚內在的安靜與專注，去感覺、去體會、去猜測，讓自己處在不是太緊又剛好不會太鬆的狀態（not too tight, not too loose）。太認真專注，容易過於繃緊而失去自由與創意連結；而內在力量太鬆弛，又很可能看不見夕陽剪影處的關鍵身影。

## 解夢兩要

因為不是太鬆也不是太緊，於是我們有機會進入專注又放鬆的狀態。在這樣的狀態下，我們一次次的提醒自己記得深呼吸，然後安靜的問著自己：「剛剛夢裡的這個，和主角現在正在說的感受，有沒有什麼關連呢？會是跟他的未來方向、煩惱有關嗎？還是……會不會跟他最近的情感狀態有關？」像這樣，有脈絡的，有前後關連的，想法與感覺有連結的，一邊猜著，又一邊繼續用心聽著。

熟悉解夢手法與訣竅，是我們拿來陪伴主角，一起找到潛意識資源的細緻技巧。而在熟悉著技巧使用的同時，還有兩個技巧之外的解夢關鍵，值得好好說一說。這兩個解夢關鍵，一是「火力全開稱讚潛意識」，二是「給出帶著敬意的懂」，我給了這兩個關鍵一個可愛的小名：「解夢兩要」。

## 火力全開稱讚潛意識——解夢兩要之一

有些時候，我有一種想像：如果我們的生命像是一條河流或一個湖泊，那麼潛意識很像是水裡到處窩著、藏著的水滴小精靈。水滴小精靈挺害羞，可是不是那種怕人的害羞，是一種不習慣躍出水面的害羞。這時候，如果在西哩西哩的流水聲裡，聽得見對於水滴小精靈的稱讚與喜愛，那麼，水滴小精靈好像會克服了原本的害羞，在月光下柔柔的浮現。

這樣的稱讚與喜愛，化為語言，在我陪伴主角解夢的過程，常常這樣出現：

「唉攸威呀！那個敲門的鬼，原來是要你用點腦筋過生活。哈哈，你的潛意識實在是又幽默、又聰明啊！」

「哇哇哇～水龍頭的上面水勢猛烈，說的是愛情剛開始的樣子，然後水龍頭的下面水很小，說的是對於親密關係未來的擔心。這樣的內在思緒化為這樣的夢境畫面，潛意識實在是太精巧了！」

這樣的稱讚，不是恭維，而是一份真心的喜愛與讚嘆。當這樣全然的讚嘆在陪伴解夢的現場一次又一次的發生時，原本窩在藏在大石頭下的水滴小精靈，常常啵啵啵的因為笑開了，就浮上來了呢。

## 帶著敬意的懂——解夢兩要之二

有時候，我會覺得，如果我們的生命像是一座山，那麼潛意識很像是深山迷霧之中隱居的山神，總在蜿蜒的山路之後才得以探究的深處。這樣的潛意識，似乎是聽到氣喘吁吁的努力腳步聲、徒手攀登岩壁的喘息聲時，最可能微笑現身。

於是，陪伴者可以做的，是誠心的、誠意的，給出一份帶著敬意的懂。這樣的懂，是珍惜著這個時刻，可以這樣一起接近潛意識；這樣的懂，是把聽到的夢、聽到的主角的故事、感受到的故事裡的哀愁喜樂，好好的用同理的心，說出來給主角聽，讓主角知道，我真的正在努力的、誠心的和你一起爬這座潛意識的山。用例子來說，就會像是：

「緋緋，我剛剛聽到妳說，水龍頭的水把妳洗得很乾淨，水龍頭讓妳想到妳的男朋友，我心裡很讚嘆這樣精采的連結。同時，我也聽到，似乎生命裡因為鼓起了勇氣擁有這個戀情，而有了更被洗滌、更能清澈的自己，是這樣嗎？如果用妳的話來說，妳會怎麼說……」

有些時候，帶著敬意的懂，也可以順暢的與「火力全開稱讚潛意識」一起傳遞出來，像是：

「喔……阿嬤說，嘸免驚！妳叨勇敢去愛……妳要勇敢的去愛！喔，原來那個害怕，是對於情愛的害怕，害怕情愛一旦開啟了，會不會就像是炸彈……爆了會怎樣……喔，原來是這樣喔……潛意識實在是太精采了，這樣在夢裡，透過炸彈、透過阿嬤的畫面情節，這樣跟妳說著話呢！」

帶著這樣的「解夢兩要」，也帶著熟練的解夢手法技法，如果，某一個時空裡，有幸打開了一個夢，那個值得慶賀的時刻，會像夜裡時間綿長的海岸線上，點燃了漂流木堆裡最中間的那根木心，於是紅紅的火焰，起舞、燃燒、照亮。

接下來，我們一起來看看這個「點燃木心」的解夢經典手法。這個手法有一個很有意思的名字：迴轉壽司。

# 進階解夢手法：「迴轉壽司」

「迴轉壽司」這個解夢手法，是在十幾年的解夢現場裡，不知不覺中自然發展出來的陪伴夢境的方法。這個好用又細緻的解夢手法，適合用在夢境細節澄清了、聚焦標的也選擇好了之後。特別是陪伴者有強烈的直覺，覺得這個聚焦的點很有料！當這種直覺在心裡浮現，覺得如果從這裡進去，很有機會滑入潛意識的藏寶盒裡，這時候，正好就可以試試看這個進階的「迴轉壽司」解夢引導詞：

「想要邀請你閉上眼睛，做三個深呼吸，我們來試試看這個迴轉壽司的手法。剛剛，你說到那個____（聚焦標的），好像____（形容詞一），或者____（形容詞二），也可能是____（形容詞三），這樣的形容，**有沒有讓你想到自己的什麼？或者，有沒有想到最近生活裡的什麼？生活裡，有沒有類似的感覺？**說不定，是跟最近的主要煩惱有關，或者是跟生活的處境、困難的地方、有掙扎的念頭有關……也有可能，會不會是跟生活的重心、未來的計畫，或者是跟身邊的人的關係有關。也說不定跟從小到大一直努力的部分有關，或者跟你的創作力有關。說不定跟你的性生活……情感關係……人際互動……生命發展……有關……就讓潛意識帶著你，提供你訊息，讓你輕鬆自然的，發現可能的相關或連結，都很好……」

迴轉壽司，主要有兩個部分，一是迴轉壽司的火車頭，二是迴轉壽司的車廂。接下來分別來看看這兩個部分。

## 迴轉壽司的火車頭

火車頭，正好就是前頭完整說明過的三個形容詞的手法。從聚焦的夢境內容那裡，問出「給……三個形容詞」之後，就可以**把聚焦的標的名稱填入上頭的黃色空格**，然後**把收集到的三個形容詞**，**分別填入後頭的三個灰色空格**，就完成了迴轉壽司的火車頭了。

如果用 Part 5 裡白色的梯子那個夢當例子，火車頭就會是：「你剛剛說到那個白色長長的梯子，好像是要小心的，或者是要雙手緊握的，也可能是跟前半段很不一樣的，這樣的描述，有沒有讓你想到……」

## 壽司車廂

火車頭之後，**一節節的壽司車廂，是設計好來讓主角輕鬆挑選的聯想選項**。如果主角沒有選項可以挑，會很費力的思考；一旦進入思考，意識會很快的回來掌控內在。因此，提供多個選項，可以讓主角知道自己不用費力，只要輕鬆的閉著眼睛讓直覺馳騁，於是潛意識訊息會更流動的湧出。

迴轉壽司的車廂，可以就直接使用像上頭那樣寫好了的描述詞：「這樣的形容，有沒有讓你想到自己的什麼？或者，有沒有想到最近生活裡的什麼？生活裡，有沒有類似的感覺？說不定，是跟最近的主要煩惱有關，或者是跟生活的處境、困難的地方、有掙扎的念頭有關……也有可能，會不會是跟生活的重心、未來的計畫，或者是跟身邊的人的關係有關。也說不定跟從小到大一直努力的部分有關，或者跟你的創作力有關。說不定跟你的性生活……情感關係……人際互動……生命發展……有關……」

如果想要多放一些創意與貼近主角的感覺進去，那麼迴轉壽司的車廂，也可以根據聽見了的夢境訊息，為主角量身訂做一段壽司車廂語詞。像是在 Part 2 的愛情三夢裡，陪伴主角小粉紅的那個夢，我就給了下頭這段壽司車廂選項引導詞：

「來，我要妳把手放在心口上，接觸……那個吶喊……來……接觸它，聽它，生命中重要的時刻，會想要很重要的人，曾經愛過自己的人，來愛自己、照顧我、幫忙我、提醒我。在人生重要的這個階段，是什麼需要這一份照顧？生命階段的這個時候，是什麼需要被指點？生命的這個階段，是什麼需要看見、尊重，同時又不捨？生命的這個階段，是什麼可能會爆炸，需要保護自己……接觸它……這個夢在說什麼？這個夢在提醒些什麼？這個夢在表達什麼？是小粉紅可能在清醒的時候，不見得有辦法說的，但是夢幫妳表達了，夢幫妳說話了……如果有就開口，即使只是一點點，我們從這裡開始……」

再來一個例子。如果是這本書 Part 4 緋緋的水龍頭的夢，那麼完整的迴轉壽司手法就可以是：

「剛剛聽妳的夢，水龍頭的下面出口，好像是卡卡的、可惜的、不夠圓滿的，不知道這樣說，有沒有讓妳想到最近遇見的什麼？或者，什麼，讓妳心裡感覺到，如果更圓滿一些，就實在是太好了……生活裡，有沒有類似的感覺？說不定，是跟最近的主要煩惱有關，或者是跟生活的處境、困難的地方、有掙扎的念頭有關……或者是跟身邊的人的關係有關，也說不定跟從小到大一直努力的部分有關……」

迴轉壽司這個解夢手法，陪伴我解開超過一百個大大小小、奇形怪狀的夢。誠心的推薦給很想靠近潛意識的朋友，特別適用於努力了很久之後（當三個形容詞手法用過了，扮演手法也嘗試了，劇情摘要、感覺摘要也努力了，但是夢依然聳立前方不為所動），而且，特別是主角真的還很有動機想解開夢的時刻。此時，可以這樣跟夢的主人說：「我們最後來試試看這個好嗎？這個方法叫作迴轉壽司，想邀請你閉上眼睛，我們聚集能量，再來攻頂一次！」

接下來，我們一起來看這本書最後的壓箱夢。這個「吸血鬼的夢」，是這幾年現場解夢示範裡，最張力十足、紅通通的夢。這個夢有完整的夢境情節，有陪伴者與主角的真實對話，有五階段的解夢步驟，有解夢兩要，也有迴轉壽司的經典收尾。

# 「吸血鬼的夢」——經典夢境解說

這是綠豆先生的經典夢境，年份是二〇一二年。

夢的主人是一位三十出頭、任職跨國企業的男子，名叫綠豆。他有著帥氣的臉部線條，談吐清晰又夾帶著流利的英文，是個很吸引目光的年輕男子。同時，不知道是從哪裡洩漏出來的，空氣裡似乎瀰漫著一份比他實際年齡蒼老的感覺，有點像是黃昏時斜斜夕陽映照著疲倦的超人背影。

那是一場在北台灣的解夢示範，工作坊的第二天早上，綠豆先生自告奮勇，說他很想解這個半年前做的、印象超深刻又毛骨悚然的夢。這個夢是典型的強感夢，只夢過一次，夢醒時很驚恐，夢的畫面記憶十分清晰，但所隱藏的訊息卻讓主角百思不解。綠豆在工作坊裡清楚強烈的表達，說他很想很想解開這個夢，想要懂這個夢到底在跟他說什麼。這個精采的陪伴解夢對話，在二十位團體成員的一起觀看參與下，沒有廢話的這樣展開。

哈克：「現場一起陪伴的團體成員的什麼狀態，大家的什麼，會幫助你更有機會打開這扇門？」

綠豆：「我想邀請大家（工作坊裡大約有二十位成員）跟我一起經歷那個景象，雖然有點像坐雲霄飛車，不過希望你們也心臟放大顆一點，來參加這個試膽大會。」

哈克：「親愛的朋友們，咱們一起上車囉。如果你的心臟沒有那麼強，你就坐後面一點，那是OK的，咱們一起上車走這段旅程……綠豆，解這個夢，你最想知道的是什麼？是想多懂自己一些嗎？還是你生活裡面有一些困境需要突破？」

綠豆：「這個夢給我一種感覺，好像我的生活當中，或我未來的人生裡面，有一個潛藏的危機。那個潛藏的危機，是在我意想不到的時候，那個局面會立刻翻轉。」

夢的情節是這樣：

我參加捷克的旅行團，半夜去夜訪吸血鬼，到了吸血鬼睡覺的地方。我們以為我們很安全，旁邊都有帶著長獵槍的人，帶我們下到那邊護衛我們。

到了下面之後，吸血鬼察覺到有生人的呼吸，他就起來了，然後獵槍就會「Bang!」打到吸血鬼，他就倒下去。吸血鬼本身是不死的嘛，所以他只是站起來又倒下去。我們看了幾次之後才覺得說，ㄟ，好像吸血鬼起來，「Bang!」又倒下去了，好像稍微有點安心，就再更往裡面走。

但是後來發現他們在玩一個大風吹，也就是說那個拿槍的警衛，他們也是吸血鬼，他只要把那個吸血鬼「Bang!」打進棺材裡面，他就跟他換，換他躺進去，他出來拿槍。也就是說，我們以為我們是旅行團，我們是旁觀者，我們是旁觀一場吸血鬼的秀，沒想到我們變成一群吸血鬼的獵物。

當旅行團裡面的一群人，一個兩個三個發現不對勁的時候，大家開始往外跑了！後來陸續幾個人就被抓去吸了，陸續幾個人就「Bang!」被槍打死了。我忘記這個夢的最後我到底有沒有生還、有沒有逃出來，我不知道。

聽著這個緊張度超高的夢，我不由自主的倒吸了長長的一口氣，呼氣的時候才擠出一句話來說：「好恐怖喔！」

綠豆：「對啊，他們玩『大風吹，吹什麼？吹那個被槍打到的人』，它就一直換。**這、這不能這樣子玩吧！**」最後一句話，綠豆忽然提高音量說著。

唉攸威呀，大風吹耶，那是一種設計好的 game。這個夢，似乎說著精巧的、有步驟的、讓人一步一步不知不覺的入局的夢。綠豆在這裡，用了**音量提高**的說話方式說了一個關鍵語詞：「這、這不能這樣子玩吧！」通常，這樣的忽然音量提高說話，並且伴隨強烈情緒，通常表示這裡很有可能是解開夢的入口。如果想辦法在這個地方停留，主角很有機會從夢境的裂縫入口鑽進去，找到夢裡隱藏著的寶藏。

因為這裡是有感覺的點，我選擇停在這裡，多問了一句在準備階段時常用的問句：「綠豆，這半年啊，你憑直覺告訴我一兩件你煩惱的事。」

我的問句一落，綠豆幾乎沒有停頓的，像是直覺反應似的，直接開始說起了這半年來的煩惱：

「差不多五個多月前，我去越南出差，有一天凌晨三點半，忽然覺得我呼吸不到空氣，快窒息了，心臟跳得很快。我用右手摀住自己的胸口，讓心臟能夠跳慢一點，那時候我在越南的旅館裡面，人生地不熟，三點半也沒有人幫我叫救護車。

「那時候我第一個想到的是我要用 Skype 打我太太在台灣的手機，跟她說『我愛妳』。我在電話裡面一直跟她哭，（「唉唷～」我一邊感同身受的聽，一邊深呼吸的回應。）跟她說我很愛她，好像在交代遺言這樣。後來心跳回復正常了，我又可以稍微睡一下，但是當下的驚恐一直留在我的身體裡，我的身體還記憶著那個驚恐。我回台灣之後，只要到了稍微密閉的空間裡，只有一個小窗戶，或是地下室，或是到電影院，或是坐電梯，我就會有懼曠症，覺得呼吸不到空氣。

「我的辦公室在十二樓，我不太敢坐電梯，都要走樓梯；再來是我太太喜歡看電影，她會拉我去看電影，只要撐完十五分鐘電影預告，我就想衝出去了，因為我覺得我快呼吸不到空氣了。你知道嗎？就是有那種驚恐。

「後來我看了一些書，認知行為療法，越怕就越要去做，所以我陸陸續續看了《寒戰》，看了《少年Pi》，看了《愛的麵包魂》，硬強迫自己再怎麼樣不舒服還是要把那個片看完。現在有稍微好一點，還是隱隱約約有那種感覺，可是呼吸不到空氣的感覺就是慢慢的 fade out。這也是為什麼後來我找心理醫生每個禮拜聊聊我的心情，釋放壓力這樣。」

我：「這專業上叫 panic attack，很辛苦的地方就是心跳會突然變很快，然後會害怕。我印象中沒有聽過誰因為這樣而死掉，這好像是一個不會死的病，但是會很怕。它的背後其實有一個東西，它是焦慮的一種，anxiety。如果是焦慮，我們可以回過頭來看：人生在擔憂什麼？人生在繃緊什麼？症狀是外面的東西，我們可以尋找裡面的擔憂是什麼。

「我的第一本書，《做自己，還是做罐頭？》裡面，有講人本學派創始人羅吉斯的個案叫愛倫，她是一個年輕的女生，愛上一個外國的男生，爸爸不准她跟他交往。（綠豆：「喔～我看過。」）你看過喔！這個故事我好喜歡，愛倫出現了好幾種精神症狀，包括憂鬱、焦慮、精神分裂都找上了她。有意思的是，羅吉斯做的事情很單純，就是去陪她，陪她看看人生的什麼被壓住了……

「所以我們聽到 panic attack 的時候，**我們可以回頭來看看那個心裡頭的東西，是什麼樣的焦慮大到讓原本的運作系統承受不了，所以跑出一個訊號來提醒你說：喔，綠豆！生命這個階段可能有些事情要慢一點，或者，要照顧自己多一點**。有時候這其實是一個訊號，我們帶著這樣的想法來看……」

這一段不短的關於恐慌症的說明，是準備階段裡很重要的「啟動安心機制」。在解夢的很初期，像是要攀越一座高山，我們還在森林的登山步道入口附近尋找可以攀爬的可能途徑。在這個仍然還在摸索的階段裡，主角提到了一個被診斷的醫學名稱，陪伴者如果對這個說法有一些了解，很適合的是把這樣的了解說出來，讓主角知道，陪伴者有基本的概念可以陪伴他正面對的困境。主角一旦收到這個訊息，常常會瞬間安心很多。這樣的安心，對於後來拼起解夢拼圖，有意想不到的重要性。這一段之所以我會說那麼多話，真的是帶著一份善意，想要讓綠豆可以多放心一些。

綠豆聽完我對恐慌症的理解與說明，安心了不少，眼神裡，出現一種剛開始時沒有的鬆開感。於是，我繼續往下走去：「來，閉上眼睛。我要你邊用手比，這一個夢境裡面，最讓你印象深刻的橋段。比給我看，用手比，然後邊比邊講。」

綠豆：「當我發現原來那個拿獵槍的不是跟我們一國的時候，他不是保護我們的時候，我慢慢知道說，噢，原來他們在玩一個把戲。

「我發現被打下去的那個吸血鬼會出來跟打他的人換位置時，開始感到毛骨悚然。我發現他們慢慢的，把眼神從瞄準鐵欄杆後面的吸血鬼棺材，移動到我們觀光客身上，﹝綠豆頭往右邊轉，演出獵人的神態。﹞感覺上有一種鯊魚聞到嗜血的味道，我們事實上是他們的獵物，是他們非常豐盛的晚餐。那時候我感到害怕，有些人開始尖叫往外跑……我不知道我最後有沒有生還，我醒來的時候，隱隱約約只是聽到周遭有很多喘息聲，然後突然間就是安靜下來。」

我聽到都入神了，大呼一口氣之後，我說：「實在是太緊張了！這整個畫面裡面，如果挑一個畫面、一個場景，你最好奇的是什麼？覺得最怪的，或覺得最迷惑的，或覺得：『吼～這到底是什麼意思啊！』」

綠豆：「我最想知道的就是說，為什麼我會從一個旁觀者，變成獵物？我明明就是來看一場秀，我明明就是觀眾而已，你幹嘛把我拉進這個遊戲裡？我沒有要跟你玩這個遊戲啊！我就是觀眾，我是旁觀者。對！我不想跟你玩。」

我：「我不想跟你玩這個遊戲。我明明就是一個旁觀者，你為什麼要把我拉進來！那裡有一個情緒叫什麼？『你為什麼要把我拉進來？』那是什麼情緒？」

綠豆：「……覺得有一點……**不甘心！**」

我：「哇，原來是不甘心。好，來看看那個拿獵槍的人，你可以看到其中一個最明顯的嗎？」

綠豆：「吸血鬼分兩群，一群拿著獵槍，一群倒在裡面的，是非常傳統的德古拉吸血鬼，穿著紅色內裡的斗篷，上面還打一個啾啾。〔綠豆一邊比一邊說，說到斗篷的時候，還把兩隻手放到耳朵背後擺出斗篷的形狀。〕臉都是慘白的，顏色很強烈，不是黑色就是紅色，紅色讓你聯想到鮮血，白色的那個利牙。」

我：「好，接下來我們一起來做一件有趣的事喔。等一下會邀請你閉上眼睛，我要你扮演吸血鬼，任何一隻都可以，然後你就說：『我是吸血鬼，我……』然後很直覺的說一段話，好像一個小遊戲一樣。好，來。」

綠豆：「哩栽細阿厚！（閩南語發音的『你知死了吧』，意思有點偏向：『你終於知道嚴重性了吧！』）很好玩厚，等一下你就知道了！」

我：「等一下你就知道了……靠腰啊！就恐怖ㄋㄟ，哩栽細阿厚……好，來，接下來換一個角色喔，就是你自己，觀光團的成員，給這個觀光團的成員三個形容詞：我去捷克看吸血鬼，我入了一個局，最恐慌那個剎那，三個形容詞。」

綠豆：「無知、天真、好奇的。」

走到這裡，獵人、吸血鬼、觀光客，這幾個夢裡的主要角色都有了帶著感受的描述詞了。時機來了，是時候來試試點燃木心的「迴轉壽司」了。我深呼吸一口氣，邀請自己的安靜放鬆與專注直覺同時到來，然後開始啟動迴轉壽司的火車頭與一列列的車廂，我慢慢慢慢的說：

「無知、天真、好奇，好，眼鏡拿下來，我們要走到關鍵的時刻了。閉上眼睛，給自己一個最放鬆的姿勢。好，我要先謝謝綠豆的潛意識，願意在這時候允許我靠近你，靠近你心裡面可能平常不見得有機會跟別人分享的內容。謝謝你，願意信任我，說你這半年來的辛苦。好，我們一起合作，看看有沒有機會再進去一點，或者是一個開始，讓我們有機會，再更懂，綠豆的潛意識，或者讓綠豆可以更學會好好的照顧自己。

「剛剛這個夢裡，我聽到幾個東西……明明我就是一個旁觀者，為什麼要把我拉進去？我不想跟你玩這個遊戲，有……一種很強烈的……不甘心……不甘心……不能這樣玩吧……不知道綠豆的生命在過去的幾個月，或者，其實已經好一陣子了，可能，說不定半年，可能說不定……一年，可能說不定，兩三年累積，生命有一些變化，原來帶著一份天真好奇，想要接觸什麼，可是，心裡頭有一份直覺，好像知道，要小心什麼，好像是一個很……底層的提醒。不知道潛意識在透露些什麼，像是……要小心喔，為什麼要把我拉進去，我明明就只想旁觀而已。不知道綠豆過去這一段日子，有沒有什麼是跟這個有關的？可能是……嗯……生涯的發展……工作的變化……工作的重心……互動的人……也可能是跟工作沒有關係的，像是……家人……朋友……的關係，也有可能……是跟自己的關係……心裡有一些渴望，可能要冒出來，但是又……硬生生的，壓下去。不知道會是什麼，邀請潛意識，很……自然的，很……輕鬆的，去靠近。生命中的什麼，在這個時候，用這麼強烈、這麼清晰的夢，來跟主人說話。你可以繼續閉著眼睛，有想到任何的東西隨時都可以開口說。」

綠豆：「我發現夢快結束的時候，正往出口逃跑的我，念頭是：**『我還不想現在就死掉。』**我還有很多事要做，我不想現在就死掉。」

我：「喔~**不甘心也在這裡喔！**」

綠豆：「對！不甘心也在這邊。我**不想**在這時候就 game over，我很不甘心，我還有很多夢想、理想我想做，我**不想**在這時候就掛在捷克，被一堆吸血鬼包圍，變成他們的同夥。我**不想**跟你們玩，我有我自己的計畫跟藍圖，我不想跟你們玩這個遊戲。」這幾個「**不想**」，綠豆都用了加重語氣強調地說著。

我：「OK，我猜這已經非常非常接近了。我剛剛想到，**你在越南打那通電話，把握最後一個機會說『我愛妳』，好像也在說我不想結束在這裡。**」

綠豆：「想留下一些……讓我太太還可以回憶的 message，不管我之後遭遇什麼樣的不測，知道我在這個世上留給她最後一個訊息，還是愛她的……後來，那個瀕死的感覺過了，發現我還活著，只是會有一些不舒服，有一些症狀。

「我後來有找精神科醫生，去做心理諮商，發現我這個恐慌症，來自於過勞，身心在一個很過度負荷的狀態。這樣的過勞應該是在前年的時候，我們辦公室來了新同事，那個同事他要跟我競爭這個公司的領導權，但是後來他用比較激烈的手段，甚至要換掉我們配合的會計師事務所。

「然後我跟國外的總公司回報說，這個公司已經 out of control 了，你如果讓他再繼續胡作非為，可能總公司的 headquarter 會失去對這個辦公室的控制。然後他們決定在那三個月的試用期把他解聘掉，我就是那個執行這個命令的人。

「後來的一年，我跟我同事原本一個人負責東北亞，一個負責東南亞，招募一個新人再做教育訓練，然後勝任工作要花很多時間，所以總部跟我說，那你這段時間辛苦一點，你要 cover 整個亞洲。我一個人 cover 整個亞洲，而且我做的業績，還比去年兩個人做還好，可是我後來都沒有意識到我已經分不清楚什麼叫工作、什麼叫生活了，是我太太提醒我說：『ㄟ，你現在都工作到十一點，六日都在加班。』我那時候完全都不知道。

「我發現每天都在查看電子郵件，需要辦什麼、回什麼，我都是回公司去處理，所以我不知道我已經用這樣的方式高速運轉這麼長的時間了，運轉到麻痺了，好像……身體有一個 alert，｛綠豆比了一個手勢：雙手迅速拿起放在耳後，「聽」的姿勢。｝這時候提醒說：『ㄟ，不行了喔，這樣不行喔，該慢下來了，你這樣已經超過你可以負荷的囉。』就是那個 alert，我好像都一直……我、我、我都沒有聽它，它常常這樣響了，我都不理它……我以前還單身，現在我又是公司負責人，又是有家庭的人，又背房貸，所以我沒有辦法像以前一樣。所以，在越南那一次瀕死的經驗我很感恩，它讓我不至於過勞死，它是一個預警，告訴你如果再這樣下去，真的會哪一天坐在電腦前面就猝死了。幸好那個事情讓我發現，原來我過去這一年多過著這樣的生活……」

我：「它是一個超大的 alert，超大的鬧鐘，把你叫醒。如果只是小小聲的，就想說給它過去就算了，不會怎樣。」

綠豆：「想說還可以撐得下去。」

我：「唉攸……我偷偷猜一個東西你聽聽看喔。剛剛在說你一個人負責全亞洲，然後，還比去年兩個人要做得好，我剛剛聽到的時候，我覺得有一點點那種，證明自己真的是做得很好，很拚命，好像有一種成就感在那裡，是嗎？」

一直拚命，因而造成過勞，是綠豆說出來的生命現狀的其中一個面向，像是負面的副作用。而拚命獲得成就感肯定自己的價值，是另一個面向，是偏向正向意圖的面向。兩個面向的同時覺察，讓更完整的接觸有機會發生。

陪伴解夢的過程裡，用心的去猜：「這裡，有什麼是沒有被說出口的？」❶是一份珍貴的善意。在這一段，我在心裡頭低吟著、問著自己的是：「綠豆為什麼要這麼拚命？這麼拚命，在綠豆的生命這個階段，可能有什麼意義？」因為這樣的低吟自問，所以才有了上頭的那一段問話。

綠豆回答這句問話似乎沒有困難，他直接這樣回答：

「對，因為本來公司它故意的，要安排一個競爭者在裡面，去競爭，看最後誰比較好，誰就出來當負責人。然後那時候，我就想要證明說，即使沒有那個同事，我還是可以做得到，證明我自己的能力。

「可是問題是，證明這個能力之後呢？公司沒有一個相對應的 reward，它只說：『YOU ARE THE MAN，驚嘆號』，就結束了！﹝綠豆傻眼的大呼。﹞那我的 bonus 呢？我的那些 title 呢？對呀，就沒有。其實是證明了自己的能力，但是也沒有得到相應的鼓勵……」

聽到這裡，綠豆描述的生命故事與夢境開始在我腦海裡像拼圖一樣逐漸拼起、成形了，我有一份很強烈的直覺冒出來，同時，我也猜想著綠豆很可能已經準備好要連上了。於是，我冷不防的說：

「**你被設局了。**」

「**對！**」綠豆從原本躺坐的姿勢突然起身，同時用右手的中指與拇指打了一個響指！接著語調上揚，激動的大叫：「**感覺上我就被公司設局了！！！**我這麼為它賣命！結果呢？」

我：「吼～你被設局了！好漂亮的夢喔！」

哇哇哇！厚厚厚！啪啪啪！解夢現場，一個多小時的時間裡，從頭到尾用心聽著、陪著的二十幾位團體成員瞬間爆出全場慶賀的笑聲和掌聲，因為，這個剎那，我們大家都一起連起來了。那樣的慶賀，似乎不是慶賀問題得到解決了，而是真心歡暢的高興著有一個生命的謎題被解開了！

這裡，表面上看起來是我突然猜出了「夢境隱喻」與「主角生命故事」的連結，其實，如果細細的看就會發現，是綠豆與我，一起很努力的在河的兩岸一步一步的搭橋，然後在這個時刻，兩段橋面已經很靠近很靠近的時候，我拿出最後一塊橋板「你被設局了」出來，然後夢的主人綠豆用雙手、用自己的力氣，準確無比的接下這個橋板，安放上去。於是這個剎那，這座橋就瞬間整個搭好了。

綠豆：「對，請君入甕！而且你知道有些外國人，他們講話都是很客套啊，講的都是甜言蜜語……有的時候你會覺得他們都很和善，對你都很 nice。」

我：「就好像那些吸血鬼剛開始帶你進去的時候，那些拿槍的獵人，（綠豆：「對！」）你以為他跟你一國的，（綠豆：「他們就是當你好像好孩子，表現好的時候就給你糖吃。」）他說：很好玩厚，等一下你就知道了，很開心嘛，很好玩厚，嘿，等一下你就知道了！然後你心裡面就說：這個不能這樣子玩吧？」

綠豆：「對！我其實那時候應該有一些預感了。」

我：「然後，當你有預感好像被設局進去了，他又繼續給你糖吃，你就……唉攸威呀，你的潛意識真是太聰明了！我跟你說，還有一個東西妙到不行，如果剛剛有錄影就太好了。你知道你剛剛講 alert 是怎麼講的嗎？這樣（我比了剛剛綠豆兩個手掌放耳邊的手勢），剛剛你講兩次 alert，那個警醒、鬧鐘，手就比這樣，跟你描述吸血鬼時比的手勢是一模一樣的！漂亮到不行啦！（綠豆：「呵呵呵。」）有

夠水啦！」現場看，這兩個動作的相似度幾乎是百分之百。潛意識把提醒動作，在夢裡設計成吸血鬼的斗篷或耳朵的樣子，實在是太精采了！**原來，潛意識一直都在提醒綠豆，要他看到吸血鬼的斗篷時就要 alert 了。**

「毛骨悚然。」綠豆驚嘆著說。

我：「你看你的潛意識有多聰明！做這麼漂亮的夢。我在想，說不定 panic attack 都是禮物，越南的那一次症狀發生，真的是提醒你的禮物。」

綠豆：「剛開始我不會這麼想，剛開始我想說：幹！怎麼會是我?!我怎麼這麼倒楣？」

陪伴解夢走到這裡，八成的夢境

對應，都清晰了起來。原來，綠豆的潛意識，精巧的設計了這個夢，來大大聲的提醒著夢的主人，不能再這樣繼續操自己下去了，身心都瀕臨崩潰邊緣了。夢境與生活現狀的對應，到了這裡已經清晰浮現：

**吸血鬼＋獵人↓外國總公司的管理者**

**觀光客↓綠豆自己**

**吸血↓把綠豆的精氣神都吸光光**

**設局↓總公司透過安插新人的競爭來讓綠豆拚命**

對應清晰了，寓意也清楚了。這個大大的警鐘似的夢，在半年前只做過一次，卻牢記在綠豆的心裡，然後在半年後來到工作坊，積極爭取要當主角，讓我陪伴他做現場示範。這一個一個努力與記得，讓這個夢像出土的古物一樣，被珍貴的理解與推敲，終於真相大白。

懂了夢的寓意，接下來，就可以好好的往未來走去，好好的開始思索，可以怎麼好好回應潛意識的提醒，更完整的照顧這個好不容易走到這裡的生命。我帶著這樣的心情，給了最後一段收尾照顧的話語：

「來，閉上眼睛，手放在心口，我們一起來跟潛意識說謝謝。那是非常珍貴的事情，謝謝越南的那一次，能夠有一個這麼大的提醒，用這麼大的 alert 來喚醒一個男人的靈魂，一個顧家的，想要照顧這麼多人，有那麼多的愛，讓他繼續活下去。這是潛意識給的很大很大的提醒，深深的謝謝它。然後，很甘願很甘願的說：『我聽見了。』然後在適合的時候跟自己的潛意識說：『我會比過去二十年，更認真的疼愛自己、照顧自己，這樣我才有機會繼續疼愛我身邊愛的人……』

「如果可以就答應潛意識，然後真的做，真的早一點下班，真的休息，真的運動，真的吃健康的食物。一個精采的、好的人，值得繼續好好活。

「好漂亮的夢喔，好開心喔。謝謝潛意識，謝謝潛意識願意冒一個險，願意打開一扇門，讓我們靠近你。身心症狀，有時候就是一個訊號，把它當訊號，就有機會使用它，而不是被它干擾。」

綠豆閉著眼睛聽著這段長長的照顧的語言，特別是聽到我鼓勵他要愛自己、要好好活下去、要照顧好自己才能愛家人時，綠豆的眼眶開始濕潤，觸動著，似乎感覺到多年以來自己的辛苦掙扎被看見了，也被同理了。於是，這一段話語變成一個帶著力量的信念，收藏在心裡。

解夢走到這裡，告一段落了，綠豆大夢初醒似的起身，睜開眼睛坐好，然後開始很自動的分享著剛剛自己的內在歷程，為這個夢正式畫下一個美麗的逗點。他說：

「……剛剛恍然大悟的時候，才知道說〔綠豆又打了一個響指〕，對啦！就是被設局了啦！但是後來那個，我覺得善有善報、惡有惡報，當初設這個局的那個人，就是我公司的CEO，他被fire了。〔全場成員一起大笑。〕後來因為我這個症狀，我從越南回來之後，請了兩個月的病假。兩個月回來之後，我發現那個CEO被fire掉了，新的直屬上司是一個很慈祥的英國老太太，我想說，也太好了吧！」

## 後續發展

工作坊解夢之後三個星期，綠豆來信，信裡面的話語，讓我震撼許久，又開心又感動！開心的是綠豆有了這麼好的變化；感動的是，潛意識真的這樣就幫到一個美好的生命。綠豆的信是這樣的：

Hi，哈克：

解出「被設局」的夢之後，我還依稀記得潛意識在夢中的吶喊：「我才不要跟你玩這個遊戲呢～」所以我**著手擬了一份 proposal，跟公司要求補人**，下星期應該能提交董事會討論，讓我不致繼續過勞，身心能夠恢復平衡。

雖然夢中的我慘死吸血鬼的槍下，但現實中的我還能對吸血鬼（公司老闆）**做出反擊，扭轉自己的命運**。很感恩這個夢能被解出來，就像尤金．甘德林說的：「**Every dream has a gift. Find the gifts in your dreams, even in the scary ones.**」謝謝你～如果出書的事情有我幫得上忙的地方，也請讓我知道，謝謝！

Cheers，綠豆

收到這封信的隔一天，綠豆讀完了我寄過去給他的解夢歷程逐字稿，又寫了一封信來，信裡這麼說著：

Hi，哈克：

謝謝你，我又重溫了一次當初解夢時暢快淋漓的感覺，在閱讀的字裡行間，好像身心同時也被療癒了，有一些正面能量緩緩注入內心……希望我的故事能給其他人帶來幫助，一起經歷潛意識對生命帶來的正向改變～感恩。

Cheers，綠豆

一晃眼兩年過去了，在二〇一四年的年底，整理這本書的書稿最後階段時，我寫了一封信給綠豆，想請他幫忙看看可不可以畫出夢裡看見的吸血鬼的樣子。幾天之後綠豆回了信，信裡除了一幅畫之外，也透露了兩年多來，吸血鬼這個夢繼續在他心裡發生的演化。他的信是這樣寫的：

Hi，哈克：

不好意思，剛從國外出差回來，所以回信晚了，請包涵！

我對這個夢後來的領悟是，一般大家都會把壓榨員工的老闆形容成「吸血鬼」，所以我的潛意識沒用其他種類的鬼來做隱喻，反倒是很聰明、鮮活的運用「吸血鬼」這個意象，向我發出警告，要我小心工作壓榨造成過勞的情況。

因為這個夢太過深刻，以致**它變成我工作上的「護身符」**，每當國外主管或同事又要把過多的 loading 放到我身上時，我就會立刻意識到問題的嚴重性，跟他們要求相應的財務與人力資源來完成更多的工作。如果這樣「合理的要求」他們給不起或做不到，他們也會知難而退，想其他的辦法。適當的拒絕工作上不合理的要求，維護自己健康工作的界線，才有永續的職涯。

目前，我很享受工作、家庭與健康平衡的生活，未來也將繼續保持下去！祝出書順利！

Cheers，綠豆

**護身符耶！一個讓人驚醒的惡夢，竟然在靠近了、懂了之後，變成了防止工作**

過勞的護身符。從夢境角色，演化成在生活裡可以帶著走、可以實際操作使用的護身符隱喻，這真是我可以想像、從綠豆那裡得到最好的消息了。

❶ 解夢陪伴的過程裡，陪伴者的內在，除了傾聽主角想說的、關注的主題以外，還可以抽空問自己：「這裡，除了主角正在說的，還有什麼，是在裡頭，但是沒有說出口的隱藏訊息（hidden message）？」這樣的狀態，常常可以在心裡頭聽見重要但被隱藏的關鍵訊息。

〈結語〉

# 那些我忘不了的「啊！」

我猜，那些解夢現場裡，我聽見的一聲又一聲的「啊！」，大概一輩子都忘不了。即使有些夢已經是五六年前遇到的，寫這本書的此時，還真的好像是昨天才聽到的：「啊！」

「啊！以後，每天早上起來，我都要問自己：『今天有什麼故事，等著我去活出來？』這樣，我就不會整個人生的下半場都沒有內容了。」邱大哥放下手上的小茶杯，用力的拍了一下自己的大腿，充滿霸氣的說。

「啊！黃牛哥哥，我知道了，現在的我，已經不用收進來那些紛雜的表面的東西了……」瑰曲柔柔的但堅定的，一邊緩緩的倒著茶，一邊微笑著說。

「啊！我知道了啦，夢裡的中年作者，說的是：我是自己生命唯一的作者，一天一天好好活著，就是經典了。」藝術家小蔡喝下滿滿一杯大吟釀，暢快的說。

「啊！吶喊是……吶喊我要一個男朋友！」年輕的女子小粉紅忽然笑出聲，說出這個意想不到的內在聲音！

「啊！那個看起來很凶的鬼，不是要害我的，是要提醒我用點腦子過生活的……」新嫁娘小兔若有所思的說。

「啊！一隻鞋子、單腳跳，對呀，單腳跳過去那些不那麼圓滿的地方，就好了啊！」緋緋看著自己畫的水龍頭，還有那一隻黃色的鞋子說。

「啊！我被設局了！對！真的是這樣！」綠豆打了一個響指猛然坐起，比任何人都興奮的說。

是這些「啊！」，讓我無法忘懷這些陪伴解夢時的喜悅。

是這些「啊！」，讓我推掉上百個工作坊邀約，為的是專心的寫出這本書。

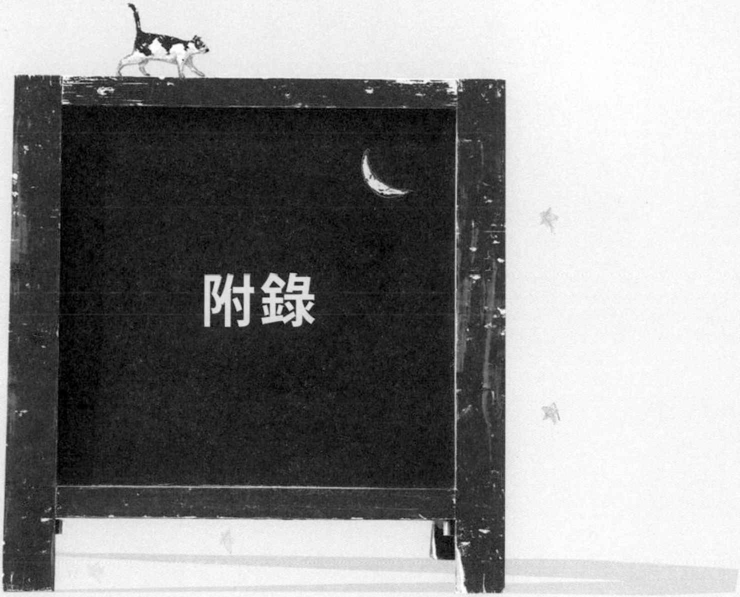
附錄

# 附錄一　和潛意識說說話

## 解夢前的準備

這是一段可以用在靠近潛意識，傾聽內在的聲音，也可以用在陪伴解夢之前，陪伴者跟主角一起做的小小的練習，我們暫且把它稱之為「安靜練習」。

找一個舒服的姿勢坐著，然後讓背脊稍微打直，讓頭、頸椎，還有脊椎，朝向天空，自然的伸展。然後把兩隻手的手掌，合在一起，隨著呼吸，合十的雙手向上延伸，兩隻手合在一起，手掌合在一起，慢慢的往天空……自然的吸氣、吐氣的時候，感覺到天地的好能量，隨著往下走的雙手……滋養著……或者沖洗著內在。

邀請心裡的一份安靜到來，邀請心裡的一份單純的專注到來，邀請一份屬於自己的……陪伴到來。接下來，要請你把手放在肚臍的位置，或者，心口的位置，也可以兩隻手都在肚臍，也可以一隻手在心口，一隻手在肚臍，都可以。繼續順暢的吸氣……呼氣……

接下來，我們要跟自己的潛意識說說話。

親愛的潛意識，在接下來的一段時間裡，我很想要聽一聽你的聲音，聽一聽你在我生命的這一個時刻，或者曾經的一個時刻，有想要傳達的訊息……我想要有這個機會，可以靠近你，可以了解你，讓我們可以像好朋友一樣，手牽著手，好好的走現在的人生，走接下來的路途。

親愛的潛意識，早安，親愛的潛意識，午安，親愛的潛意識，晚安。在生活裡面的匆忙，有些時候會讓我忘記靠近你；生活裡面的種種要求，也會讓我一不小心，就跑到別的地方去忙碌了。而接下來的三十分鐘，或者是一個小時，或者是九十分鐘，我會一次一次的深呼吸，把那些忙碌的想法、生活裡不得不的責任，都先暫時放下，放在身邊，在接下來的這一段時間裡，透過一次又一次的深呼吸，我想好好靠近你。也謝謝你讓我可以用自己的速度，來牽起你的手，來靠近你，來讓我們的生命得以更完整。也說不定有一些豐富，有一些精采，有一些豐盛，有一些豐足，可以因為這樣，而更自然、更流動的發生。

準備好的時候，把手，放回膝蓋的位置，然後用雙手，搓一搓有點熱熱的手掌、手指頭，然後按摩一下自己的臉，抓抓自己的頭，摸摸自己的耳朵，輕輕的碰碰自己的脖子的背後，搓一搓，搓熱它。準備好的時候，就可以睜開眼睛，回到這裡，準備好，一起來聽聽潛意識的聲音。

## 活化潛意識

親愛老天爺，親愛的潛意識，親愛的自己，如果可以，隨著旋律，隨著呼吸，隨著輕輕的風，隨著暖暖的陽光，讓心裡的美好得以流動，讓身體的順暢可以發生，又發生，又更通暢，又更多光亮……

說不定……眼睛感覺到了；說不定……心裡看到了；說不定……傾聽的耳朵碰觸到了，空間打開了……

歲月，流過來了。

時間，走過去了。

力量，啵啵啵的，從底下長出來了。

來了，來了，歡迎，歡迎……Welcome it! Welcome it!

像是一杯香醇的咖啡，或是一壺清亮的高山烏龍茶。說不定，可以就是那麼單純的喝下，讓暖意充滿全身；說不定，會想要加點冰糖；說不定，會想要加一小匙的牛奶，然後，輕輕的、慢慢的、完完全全的攪拌，讓想在一起的，在一起，讓想融合的、想上升的、想著地的，都在輕輕的柔柔的攪拌裡，正在發生。歡迎它，歡迎新的組合到來，歡迎那些適合現在來的，安心來到……

也有可能，像是剛烤好的熱熱的土司、麵包。說不定，就是原味的聞到純純的厚厚的麥香；說不定，可以拿起抹奶油的細細的金屬把手，新鮮的奶油，抹上去，奶油遇到了熱熱的麵包、土司，像月暈一樣暈開，像雲在天空飄開，像漣漪似的從這裡，移動到那裡，整個，都滋養了，都觸碰到了……都被感受到了……都被清晰的懂了。

親愛的潛意識，謝謝你讓我靠近你；親愛的潛意識，我真心的祈求，可以更親近的與你靠近，像是手牽手，像是麵包遇見了奶油，也像是新鮮的牛奶遇見了香醇的紅茶，為彼此的美好增添色彩，讓一起的接下來，前行、停留或啟程，有了屬於自己的裝備，有了望遠鏡可以看遠方，也有合腳的鞋子，可以一步一步，用這個季節的速度，走，走向前去，走，迎向前去，走，看向前方，走，聽著遠方，聽著自己的腳步，聽著自己的心跳，一起走去。

## 解夢後的收尾

這是一段解完夢之後可以拿來做收尾的引導詞，也可以拿來用在安靜練習之後，很單純的聽見自己心裡的聲音、潛意識的聲音之後，做的一個小練習。

找一個舒服的地方坐著，讓自己的身體安穩的和地面接觸，可以是盤腿坐著，感覺到自己的大腿、小腿，和地板接觸，也可以是在椅子上坐著，讓腳底可以接觸到地面。然後邀請你，把一隻手放在心口的位置，一隻手放在肚臍的位置……非常好。

接下來，要和潛意識說一段話。

親愛的潛意識，早安，親愛的潛意識，午安，親愛的潛意識，晚安。謝謝你在剛剛的時間裡，允許我，再靠近你，一點點。我知道，那麼一點點，都是珍貴極了的事。親愛的潛意識，我要謝謝你，在過去的歲月裡，我不一定有很多的機會可以照顧你、聆聽你，而你依然願意在這一個時刻讓我靠近，或者牽著我伸出的手，進到那一個很珍貴的寶藏的所在。

親愛的潛意識，我要謝謝你，真心的謝謝你，能夠擁有這一個時刻和你相處。親愛的潛意識，也想邀請你幫忙，在接下來的時間裡，可能是三天，可能是一星期，也可能是一個月，也可能是三個月或者半年的時間，想要請你幫忙，想要邀請你繼續傳遞訊息給我。說不定是在……一個人喝咖啡的時候，說不定是早上起來刷牙的時候……也有可能是睡前隨手拿著一本書在閱讀的時候，也可能是看完電影，聽著片尾曲的那一個時刻……也有可能是在月光下，聽著海浪聲的時候，也可能是在樹林裡散步、在公園裡走路的時候。想要邀請你繼續傳遞訊息給我。當然，也說不定是在晚上做夢的時候，繼續給我夢的訊息，讓我可以繼續透過了解自己的夢，更靠近潛意識的內在世界。親愛的潛意識，真心的謝謝你。

準備好的時候，做三個深呼吸，非常好……吸氣……吐氣……讓自己的手，從頭頂，慢慢的滑過耳朵、脖子，來到心口，來到大腿、膝蓋、小腿、腳踝。再來一個深呼吸，然後在呼氣的時候，就可以睜開眼睛，回到這裡。擁有嶄新的一天，擁有嶄新的一段歲月，擁有一個真的開始不一樣的自己。

## 哈克萬用暗示詞

夢解開了，如果不知道要做什麼，可以試試看下頭這個哈克愛用的「萬用暗示詞」。或者，也可以根據解夢時理解的內容，為主角量身訂做一段真誠的祈禱詞。

這是個好機會來接近你的潛意識……可以讓自己的潛意識傳遞一些你需要的訊息給你……那是一份屬於自己的智慧……不需要做什麼……就單純的去接收……意識可能知道，也可能不知道，都沒關係……就是單純地接近自己的潛意識，靠近自己的身體，開始和潛意識當好朋友，跟自己的直覺當好朋友，慢慢慢慢的變成好朋友，潛意識會慢慢的接受、幫助，和自己一起合作，一起建造美好，一起，走向接下來的春．夏．秋．冬。當生命的四季到來，我們有潛意識當好朋友，那將會是一件多麼美好的事啊！於是，從今天開始，從明天開始，從下個月開始，都好，都有機會迎向生命中更好的春夏秋冬。

# 附錄二　潛意識活動

## 活動Ａ：從意識慢慢靠近潛意識

**「加了什麼，我的生命會更是我要的？」**

夢，是潛意識的訊息，這些訊息其實跟我們做夢那段時期，心裡想著的、渴望擁有的、想努力向前進步的，常常有關連。因此，靠近夢、理解夢之前，可以先來進行這個小活動。

使用下頭的問句，找好朋友互相好奇，或者自己問自己，然後寫下答案也很好：

❶

「最近的自己，如果加點什麼，會讓自己活得更接近自己想要的樣子？」

「生命的這個階段，最想創造的，是什麼？」

「如果可以，這段日子最想迎接的，是什麼？」

## 活動B：潛意識探針

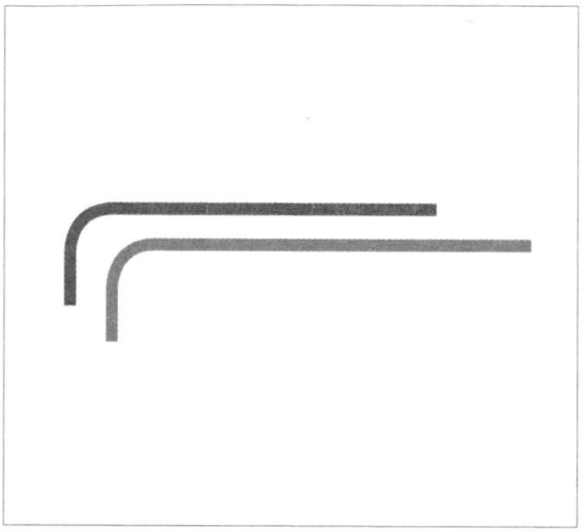

潛意識探針，是兩根彎曲的小銅棒（如右圖）。

小銅棒每一根的長度大約我們一隻手臂的長度，彎曲下來的部位是用手握住的地方，彎曲下來那一段和平行長長那一段的比例，大約是三比七，或二比八，都可以。材料的部分，青銅和黃銅的材質最為適合，可以去建材五金行請師傅幫忙裁一下，就可以擁有這個屬於自己的潛意識親近小工具。

兩根小銅棒握在手裡，當我們安靜又專注的時候，可以拿來問問潛意識的聲音。作法很簡單：雙手與肩同寬，平舉在胸口的高度，讓兩根探針平行，然後先設定兩根探針如果交叉，是「Yes」的訊號；如果打開，是「No」的訊號。

接下來，問一個確定知道答案的問題，來確認上頭的設定是成功的。例如：「我在家裡排行老大嗎？」或「我國小的時候住在彰化以南嗎？」如果探針的移動方向和真正的答案符合，那就表示設定已經成功。

接下來，可以開始問問自己好奇的問題，然後看探針的移動方向來理解探索潛意識的傾向。比較合適的作法，是先從小的疑問開始，生命的大疑問留到和潛意識真的變成很好的朋友時，再來問。

問潛意識探針，是一件很有趣的潛意識活化活動！特別是用探針來問問看：「**這個夢跟什麼有關？**」在夢境探索的過程中，經過了前面的兩個階梯，準備階段、澄清階段之後，我們常常會不由自主地心裡有猜測，ㄟ，這會不會跟……有關？會不會跟生活裡和誰的關係有關？或者，聽起來好像跟生涯選擇有關？或者，會不會跟工作上的人際互動有關？這時候，練習用潛意識探針來辨別選項／縮小聚焦，是很有意思的！所以，可以這樣玩玩看：

（1）先測試潛意識探針的Yes與No的擺動方向。

（2）主角拿起探針，從最大的選擇問句，逐漸往細節問去。例如：

「是跟生涯選擇有關係嗎？」（No）

「那是跟親密關係有關嗎？」（Yes）

「是跟最近的親密關係有關嗎？」（沒有很明顯的擺動）

「是跟之前一段日子曾經擁有的親密關係有關嗎？」（Yes）

**哈克小訣竅1**

哈克最常用的大選項有「生涯選擇」「親密關係」「朋友關係」「和家人的關係」「健康」「熱情」「渴望」……

## 哈克小訣竅 2

以下列出的「夢可能指引的新方向」，都可以拿來問潛意識探針！以下頭第一個選項為例，就是：「這個夢是不是要我學會為自己發聲？」

◆為自己發聲。

◆我真的需要你這樣。

◆學會信任自己。

◆啟動改變，開始去做一直以來都沒有辦法開始做的事。

◆讓自己更腳踏實地。

◆真的不要把所有的責任扛在自己身上。

◆讓他走吧！／讓她走了吧！

◆讓他／讓她進入我的心裡吧！是時候，來愛一個人了。

◆等一下，不要那麼急，生命這個時刻需要的是慢下來。

◆我真的很生氣，不要太過分了。

◆好好看看四周，而不是一直跑、一直逃。

## 活動Ｃ：孵夢（搭配解夢ＤＩＹ三步驟）

Part 5 裡提到的解夢ＤＩＹ三步驟，也可以搭配「孵夢」來進行。孵夢的方法很簡單，就是睡前準備紙筆，寫下想問潛意識的問題，像是：

「親愛的潛意識，我即將有一場面試，有沒有什麼要注意的？」

或是，「最近的生活，有沒有什麼適合多一些？」

或者是，「這段日子，有沒有什麼事，如果減少一點會更健康呢？」

然後，夢醒解夢時，可以對照一下睡前孵夢時的問句，來進行解夢ＤＩＹ三步驟，很可能會更有方向可以遵循與猜測囉！

## 活動Ｄ：潛意識深化活動之夢打開以後

夢，打開了以後，要回到生活。於是，我們問自己，或者問夢的主角：「夢打開了之後，我多懂了什麼，或者我接收了什麼新的訊息，是我想要在接下來的生活裡，越來越多的？」找到這個想要加入生命裡的元素，就可以走下頭的整個流程。

**步驟一：在三人或兩人小組裡，找到夢打開之後想要的一個目標**

「夢打開之後，你多懂了什麼，或者接收了什麼新的訊息，是想要在接下來的生活裡，越來越多的？」

例如，書裡的夢的主角小粉紅收到一個新訊息是：「不用怕，勇敢去愛。」於是，我們可以繼續問：「**什麼好東西，會幫助你**不怕，勇敢去愛？」小粉紅低頭想了許久，然後回答說：「帶著聰明的勇敢。」「一份願意相信的勇敢。」

**步驟二：小組夥伴一起合作，收集主角這個「想要……」的細節**。像是：

「成為那樣的你，會怎麼說話？怎麼跟身邊的人互動？」

「當你成為這樣的人，你的生活會有什麼不同？」

「是什麼讓你想要往這個方向前進？如果沒有往這邊前進，會怎樣？」

「如果你成為這樣的人，誰最會為你喝采？他會怎麼喝采？誰最不意外？」

**步驟三：小組夥伴合作，幫助主角找到一個能幫助他成為那樣的人的重要資源**

「你生命裡的什麼，會幫助你成為這樣的人？」

「你猜，你的什麼特質，或者什麼好東西，可以推動你或幫助你成為……？」

「有沒有什麼你好朋友特別喜歡你的部分，這個部分會幫助你變成……？」

**步驟四：一起合作，讓主角找到這個重要資源歷歷在目的一個最近的經驗**

「最近的你，有沒有一個故事，在故事裡，你清楚自己擁有這個資源？說給我們聽，好嗎？」（帶領祕訣：這裡要慢，慢慢等，慢慢問。）

「想要請你告訴我們一個經驗或故事，讓我們可以體會到你的這個部分、這個資源，在你的身上正在展現著。」

**步驟五：在小組裡，主要帶領人協助主角進入融入資源經驗狀態**

1.「請你閉上眼睛，等一下我會從十數到一，你會越來越放鬆。當我數到一的時候，你會準備好享受接下來的這一段舒服享受的旅程……十……九……八……七……很好，越來越放鬆，越來越舒服……六……五……四……三……對，很好……二，一。」

2.「很好，接下來，我要請你來到剛剛說的那個故事場景，你看到了……聽到了……感覺到……（把剛剛收集到的經驗細節用進去。）」（帶領祕訣：這裡也是要慢，慢慢說，讓主角慢慢入戲。）

3.「在這個環境，在這個時空裡，完完整整的感覺到自己，看見自己是一個這樣的人，擁有……的好特質，讓自己完完全全的融入這個經驗裡，好好的享受……」

**步驟六：在小組裡，主要帶領人協助主角進入回溯狀態**

1.「好，帶著這樣的感受，這樣的自己喜歡的自己，往生命更年輕的時光走去。潛意識會帶著你，找到一個很類似的好經驗，在那裡，你會更懂自己的這個好東西。對，去找到那樣的自己，找到的時候，你右手的食指會輕輕的動一下，我就知道你找到了。」

2.「非常好，非常好，找到了。告訴我們，你幾歲？嗯嗯，OK，……歲，真好，可以找到。」

3.「說說這個……歲的你，讓我們好像跟著你看見了你的故事一樣……」

4.「喔，原來在……歲的時候，有這樣一個你，擁有這個好東西，太好了……來，接下來我們再往生命更年輕的時光走去，潛意識帶著你，找到類似的好經驗，在那裡，對，去找到那樣的自己，找到的時候，右手的食指會輕輕的動一下……」（帶領祕訣：速度可以逐漸變快，帶著一份相信，相信潛意識找得到好經驗。）

5.「非常好，找到了，你幾歲？嗯嗯，OK，……歲，太好了。說說這個……歲的你，讓我們好像跟著你看見了你的故事一樣……」

6.接下來，重複 4、5，找到第三個或第四個資源故事。

**步驟七：在資源故事裡，產生美好的資源隱喻**

1.「（主角仍然閉著眼睛）剛剛，我們找到了好幾個跟……有關的生命經驗與故事，這都是你，都是你的一部分。這樣的你，如果用一個隱喻來說，這樣的你，像什麼？」

2.「喔！是喔，多說一點，用手比給我看。ＯＫ，好，原來是這樣，還有嗎？有沒有什麼特別的地方吸引著你的眼睛，多說一點，ＯＫ，太好了。」

### 步驟八：整理與前行

1.「（主角仍然閉著眼睛）等一下我會帶你回來，回來之前，邀請你和這幾個年紀的自己說說話，或者，讓早一點的自己，跟現在的自己說說話。用你需要的時間，慢慢說，準備好要我帶你回來的時候，請你食指動一下，我就會帶你舒服清醒的回到這裡。」

2.「好，謝謝你。剛剛我們走過了一段很有意思的旅程，等一下，我會帶著你，逐漸向現在年紀的自己移動，走過好些歲月，帶著自己一起回到現在這個時刻、這個地方。對，很自然很順暢的移動回來，回到這裡。對，很好，我從一數到五，你會清醒舒暢的回到這裡，一……二……三，越來越清醒，很好，四……準備好要睜開眼睛囉……五，歡迎回來。」

❶這個活動，也可以搭配哈克與黃錦敦老師共同研發的「熱情渴望卡」一起進行。透過挑卡的方式，有時候會加速內在的發現。

Eurasian Publishing Group
圓神出版事業機構
用心與你對話．視野無限寬廣
方智出版社
Fine Press
http://www.booklife.com.tw　reader@mail.eurasian.com.tw
自信人生 125

# 你的夢，你的力量——潛意識工作者哈克的解夢書

作　　者／哈克
發 行 人／簡志忠
出 版 者／方智出版社股份有限公司
地　　址／台北市南京東路四段50號6樓之1
電　　話／（02）2579-6600．2579-8800．2570-3939
傳　　真／（02）2579-0338．2577-3220．2570-3636
郵撥帳號／13633081　方智出版社股份有限公司
總 編 輯／陳秋月
資深主編／賴良珠
責任編輯／黃淑雲
美術編輯／李家宜
行銷企畫／吳幸芳．涂姿宇
印務統籌／劉鳳剛．高榮祥
監　　印／高榮祥
校　　對／賴良珠
排　　版／莊寶鈴
經 銷 商／叩應股份有限公司
法律顧問／圓神出版事業機構法律顧問　蕭雄淋律師
印　　刷／國碩印前科技股份有限公司
2015年6月　初版
2023年10月　3刷

定價 370 元　ISBN 978-986-175-393-5

你本來就應該得到生命所必須給你的一切美好！
祕密，就是過去、現在和未來的一切解答。

——《The Secret 祕密》



國家圖書館出版品預行編目資料

你的夢，你的力量：潛意識工作者哈克的解夢書／哈克著. -- 初版.
-- 臺北市：方智，2015.06
304 面；14.8×20.8公分 --（自信人生系列；125）

ISBN 978-986-175-393-5（平裝附光碟片）
1. 解夢
175.1　　104006357